本书由北京联合大学校级科研项目《基于"反向跳板"的"一带一路"沿线市场企业逆向国际化扩张研究》（项目编号：ZK10202307）资助

跨国并购动机与企业创新

基于新兴市场的研究

MOTIVATION OF CROSS-BORDER M&A AND ENTERPRISE INNOVATION:

BASED ON THE RESEARCH OF EMERGING MARKETS

司 凡 郭靖岚 著

经济管理出版社

ECONOMY & MANAGEMENT PUBLISHING HOUSE

图书在版编目（CIP）数据

跨国并购动机与企业创新：基于新兴市场的研究 /
司凡，郭靖岚著. -- 北京：经济管理出版社，2024.
ISBN 978-7-5096-9933-1

Ⅰ. F279.247

中国国家版本馆 CIP 数据核字第 20243BS401 号

组稿编辑：丁慧敏
责任编辑：丁慧敏　王格格
责任印制：许　艳
责任校对：蔡晓臻

出版发行：经济管理出版社
　　　　　（北京市海淀区北蜂窝 8 号中雅大厦 A 座 11 层　　100038）
网　　址：www. E-mp. com. cn
电　　话：（010）51915602
印　　刷：唐山玺诚印务有限公司
经　　销：新华书店
开　　本：720mm×1000mm/16
印　　张：12.25
字　　数：200 千字
版　　次：2025 年 1 月第 1 版　　2025 年 1 月第 1 次印刷
书　　号：ISBN 978-7-5096-9933-1
定　　价：98.00 元

·版权所有　翻印必究·
凡购本社图书，如有印装错误，由本社发行部负责调换。
联系地址：北京市海淀区北蜂窝 8 号中雅大厦 11 层
电话：（010）68022974　　邮编：100038

前　言

　　中国对外投资政策体系日趋成熟，跨国并购规模不断增长。政府统筹规划与市场在资源配置中起到了决定性作用，为企业进行跨国并购提供了新的机遇和挑战。跨国并购作为一项受政策主导的企业行为，受母国制度影响较大，但现有研究却忽视了母国制度对跨国并购的影响。那么，不同类型的外部关系如何影响跨国并购动机？不同类型的跨国并购会对企业创新产生何种影响？外部关系如何通过影响跨国并购动机进而作用于企业创新绩效，其过程又受何种因素影响？以上问题都有待进一步探究。此外，寻求创新已成为我国企业跨国并购的主要动机，其作用效果亟须进一步研究。在我国，对外投资政策是国内市场化制度改革的线索之一，跨国并购是受母国制度影响较大的企业行为。作为国际市场的后来者，新兴市场国家在缺乏特定优势的前提下，其投资发展路径与发达国家不同，需要充分发挥制度优势来弥补市场竞争劣势。那么，外部关系如何影响企业跨国并购行为选择，进而影响跨国并购创新绩效，成为需要进一步探讨的问题。

　　本书从资源依赖视角分析了如何依靠外部关系使民营企业缓解市场竞争劣势，同时从制度视角研究了如何在东道国获取合法性等问题，以此建立研究框架，并选取 2009～2018 年的跨国并购数据以及 2010～2019 年的企业创新数据，进行了三方面的实证研究。本书第一部分，首先研究不同类型的外部关系、竞争性依赖与制度性依赖和跨国并购类型选择，梳理不同类型外部关系与跨国并购动机、"一带一路"倡议与知识产权制度距离相关文献，提出假设，依据资源依赖理论对不同类型外部关系对企业跨国并购动机的作用机理进行探讨，来实证研究不同类型外部关系对跨国并购动机的影响；其次为探究不同类型外部关系对跨国并购动机的影响，本书将总样本分为三类子样本，依次对所提出的假设进行验证，分别为国有企业与无外部关系的民营企业、国有企业与有外部关系的民营企业，以及有外部关系的民营企业与无外部关系的民营企业，同时考虑知识产权制度距离与"一带一路"倡议的调节作用；最后选择 Probit 模型对不同类型外部关系对跨国并购动机效应进行倾向性检验，并实证检验调节效应，选用 Logit 模型进行稳健性检验。本书第二部分首先梳理跨国并购动机与企业创新、知识产权制度距离与吸收能力的现有研究，得出假设，为探究实施不同类型跨国并购对企业创新的影响，本书构建实施跨国并购的实验组和未实施跨国并购的对照组，再加入时间因素构建双重差分模型，为避免因为逆向因果而导致的内生性问题，采用一般性做法，即采用滞后一期的专利申请数的自然对数作为被解释变量；其次进行描述性统计，采用双重差分 DID 方法检验不同类型跨国并购创新效应，并检验知识产权制度距离与吸收能力的调节作用；最后使用倾向性得分匹配、滞后二期和滞后三期因变量数据与固定效应模型进行稳健性检验。本书第三部分建立在前面研究的基础上，首先梳理外部关系对跨国并购创新绩效的影响相关文献与跨国并购动机的中介作用的相关文献，对依靠社会关系获取的外部关系作用路径进行分析，从而提出假设；其次进行描述性统计，采用主效应检验不同类型外部关系对跨国并购创新绩效的作用，对技术获取型跨国并购的中介效应与自然资源型跨国并购的中介效应进行检验，采用分步检验的方法对依靠社会关系获取的外部关系作用路径的中介效应进行检验；最后用固定效应模型进行稳定性检验，来控制遗漏某控制变量而导致的内生性问题。

　　本书的主要特色有以下五个方面：一是依据资源依赖理论对不同类型外部关系对企业跨国并购动机的作用机理进行探讨，弥补了以往研究只针对其中一种外部关系进行探讨的局限。二是探讨了不同类型的跨国并购对企业创新的影响，拓宽了跨国并购的研究视角，丰富了技术获取型跨国并购对创新绩效的影响路径研究。三是揭示了外部关系与企业创新之间的作用机制，形成"外部关系—跨国并购动机—企业创新"的研究路径，探讨了跨国并购动机对依靠股权关系获取的外部关系和创新绩效之间关系的中介作用。四是依据制度理论，结合不同类型跨国并购的特点，从如何发挥制度优势角度探讨了不同类型的跨国并购应重点关注的制度类型，丰富了对不同类型制度距离的研究。五是印证了外部关系和社会资本在跨国并购中的重要性，为企业更好地进行跨国并购进而促进企业创新活动提供了借鉴意义。

本书的编写离不开很多人的帮助，首先感谢陈岩教授的悉心指导，其次感谢王海波教授给我提供赴美进行国际学术交流的宝贵机会，这使我开拓了国际视野，最后感谢北京邮电大学的张生太教授、王长峰教授、安佳教授、杜振华教授、何伟教授、何瑛教授、曾雪云教授、赵保国教授、万岩教授等对本书提出有价值的建议。

由于笔者水平有限，编写时间仓促，因此书中错误和不足之处在所难免，恳请广大读者批评指正。

司　凡

2024 年 6 月 13 日

目　录

图目录

表目录

第一章 导论

第一节 研究背景

一、理论背景

2021 年 11 月 8 日，中国共产党第十九届中央委员会第六次全体会议审议并通过了《中共中央关于党的百年奋斗重大成就和历史经验的决议》（以下简称决议），在决议中的"中国共产党百年奋斗的历史经验"章节中，强调了坚持理论创新和坚持开拓创新，在科学理论和百年奋斗实践的基础上突出了创新的极端重要性，并且对于以中国为代表的新兴市场国家极具指导性、引领性、启发性。作为新兴市场国家，如何把有效市场和有为政府相结合，提高企业竞争力，发挥市场机制的决定性作用就成了一个必然的课题。中国作为最大的新兴市场国家，对外投资政策体系日趋成熟，跨国并购规模不断增长（刘文勇，2022）。而且，政府统筹规划与市场在资源配置中起决定性作用，为企业进行跨国并购提供了新的机遇和挑战（李政毅等，2020；郭健全和韩亦秦，2021）。现有对跨国并购绩效的研究，多针对短期绩效进行（朱玉杰和闫聪，2015），对跨国并购创新绩效研究不足，且针对跨国并购创新绩效的研究同样未得到一致结论（Desyllas & Hughes，2010；张文菲和金祥义，2020；吴航和陈劲，2020；刘威和闻照，2021）。一方面是现有很多研究默认跨国并购的目的是获取先进技术（Desyllas & Hughes，2010；张文菲和金祥义，2020），大部分研究在未区分跨国并购类型的情况下探究全部类型的跨国并购对企业创新的影响，这忽视了部分非技术驱动跨国并购对创新绩效的影响，不同类型的跨国并购动机也不尽相同；另一方面是跨国并购动机及创新绩效会受到多种因素影响，现有研究多针对发达国家进行，未结合新兴市场特点对跨国并购创新绩效影响因素进行深入探究。

根据 Dunning 等（2000）的观点，企业进行跨国并购的动机包括以下四种：自然资源寻求、市场开发寻求、效率提升寻求以及战略资产寻求。其中，战略资产寻求指的是获取目标国企业拥有的战略资产，随着科技的不断发展，技术已经成为新兴市场国家寻求战略资产的主攻方向。特别是，对于我国而言，在中美经贸摩擦的大背景下，我国高端技术面临外部制约的风险。在加大自主研发的前提下，通过跨国并购获取先进技术仍旧显得紧急和必要（王疆和黄嘉怡，2019；王弘书和施新伟，2021）。现在的市场条件与 2000 年 Dunning 等对跨国并购类型进行划分时已经发生了很大变化，突出体现在科技的发展和自然资源的稀缺上，上述四种跨国并购动机已不再同等重要。一方面，随着科技的发展，将跨国并购作为跳板的新兴市场国家倾向通过跨国并购获取先进技术进而实现技术突破，而且技术已越发成为驱动市场开发及效率提升的关键因素（王弘书和施新伟，2021）；另一方面，能源具有不可再生性，且其一直以来都是驱动企业进行跨国并购的重要原因。随着经济快速发展，关系国计民生的能源越来越成为稀缺资源，我国作为人口大国，人均能源占有量很少，因此能源一直以来都是我国企业进行跨国并购的另一大动机（程聪，2019）。我国企业跨国并购动机可以分为自然资源寻求和技术寻求两种（王弘书和施新伟，2021），基于不同动机进行的跨国并购直接影响并购绩效（宋林和彬彬，2016；王疆和黄嘉怡，2019），而是否进行跨国并购以及进行跨国并购的类型是否受到多种因素的影响（Kuipers 等，2009；郭建全，2017）。

现有关于跨国并购影响因素的研究多直接针对跨国并购绩效展开（Li，

2019；赵奇伟和吴双，2019），且多为宣告日股价波动或资产收益率等短期绩效。一方面，从影响因素到最终的跨国并购绩效有很长的作用路径，且不同的影响因素发挥作用的层面不同，有的是在动机层面，有的是在绩效层面，现有研究笼统地直接研究影响因素对跨国并购绩效的影响，在未打开"黑箱"的情况下，难免得到不一致的研究结论。另一方面，现有对跨国并购动机的影响因素研究未结合新兴市场特点进行深入探讨。在国家、行业、交易及企业层面的影响因素中，企业性质作为企业的本质特征，直接作用于企业的行为逻辑，在对跨国并购绩效产生影响之前，会先影响企业跨国并购动机。而目前针对企业性质对跨国并购影响的研究多从外部关系角度展开，这与新兴市场国家在缺乏特定优势的前提下需要充分发挥制度优势，通过外部关系来弥补市场竞争劣势直接相关，这进一步验证了从外部关系角度探究其对跨国并购影响的必要性。现有针对企业性质对跨国并购影响的研究多从外部关系角度展开，通过进一步对外部关系与企业跨国并购相关文献进行综述发现，一方面，现有针对外部关系与跨国并购的研究多直接研究其对跨国并购绩效的影响（Du & Boateng，2015；赵奇伟和吴双，2019），忽略了外部关系对跨国并购动机的影响；另一方面，现有研究对外部关系的探究本身不全面，或将企业分为国有企业和民营企业，探究国有控股对跨国并购绩效的影响（张文菲和金祥义，2020），或只针对民营企业探究外部关系对民营企业跨国并购绩效的影响（李政毅等，2020；郭健全和韩亦秦，2021）。那么不同类型的外部关系究竟如何影响跨国并购动机，进而对跨国并购创新绩效产生影响有待进一步研究。

现有关于外部关系与跨国并购创新绩效的相关研究未得到一致结论，原因主要有以下两个：首先，跨国并购绩效方面，现有研究多针对短期绩效进行，且针对跨国并购创新绩效的研究结论不一致。其次，忽略了外部关系对跨国并购动机的影响，且对外部关系的探究不全面。不同类型的外部关系如何影响跨国并购动机，不同类型的跨国并购会对企业创新产生何种影响，外部关系如何通过影响跨国并购动机进而作用于企业创新绩效，其过程又受到何种因素影响，上述问题有待进一步研究。

二、实践背景

IMF（国际货币基金组织）在 2004 年的《世界经济展望》（WEO）报告中提出了新兴市场国家的概念，替换了原有的转型中国家，其中包括金砖国家在内的发展中国家以及一些发达国家及地区（中国香港、以色列、韩国及新加坡），共 32 个国家及地区。这些公认的新兴市场成员特色鲜明，且具有很强的代表性，在分析新兴市场经济体整体经济状况的研究中被广泛应用。

新兴市场经济体企业跨境收购数量的增加为对外投资的增长提供了动力。为了弥补后发劣势，实现对发达国家领先者的创新追赶，新兴市场经济体企业倾向于采取更加激进的国际化战略。近几十年来，新兴经济体，尤其是中国和印度的企业，采用跨国并购作为实现国际化的主要途径（Athreye & Kapur，2009；Aulakh 等，2000；Gubbi 等，2010）。通过在高新技术行业和能源行业的积极国际收购，新兴市场经济体的企业实现了重要的战略目标，如收购技术、品牌和自然资源等。

印度作为全球成长最快的新兴经济体之一，自 1991 年全面推行经济改革以来，发布了一系列吸引外资的政策，跨国并购的交易数量及交易额也都呈现快速增长的趋势。印度公司的跨国并购主要涉及技术密集型行业（例如软件和制药），具有很强的竞争优势。此外，印度公司不投资自然资源，而是在海外投资，以获得更先进的资源，如领先的技术和以知识为基础的能力（Buckley 等，2012），这些外国技术资产提高了公司的业绩和竞争优势。

我国作为最大的新兴市场经济体，跨国并购规模在不断扩大（高厚宾和吴先明，2018），以"互利共赢、多元平衡、安全高效"为特征的中国对外投资政策体系日趋成熟（刘文勇，2022）。自 20 世纪 90 年代以来，全球跨国并购金额和次数不断增加，而我国企业受到"走出去"战略以及"一带一路"倡议的激励，跨国并购的频次及规模也不断创造新高，这引起国内外相关学者的关注（蔡翔等，2021）。普华永道发布的《2016 年中国企业并购市场回顾与 2017 年展望》中的相关数据显示，2016 年我国跨国并购金额达 2210 亿美元，达到了同比246% 的增长，并且还有不断增长的趋势。对全球范围内比较而言，2017 年我国跨国并购流量达全球第三，存量达全球第二。并且随着技术在经济发展中的作用逐渐显现，以我国为代表的新兴经济体中企业的跨国并购以技术获取为主要动机（黄苹和蔡火娣，2020）。实践中获取先进技术已经成为我国跨国并购的主要目的。与之相对应地，技术获取型跨国并购也已经成为新兴市场企业创新的重要方式，这是对自主研发风险大、耗时长等不足的一种弥补。

然而，我国作为典型的新兴经济体，在政府与市场关系上，中国走出了一条不同于西方国家的中国特色社会主义市场经济道路，政府统筹规划与市场在资源配置中起决定性作用（刘文勇，2022），这给政府在经济发展中发挥作用提供了很大的空间（Wang 等，2012）。伴随着新兴技术领域与传统实体产业的融合迭代，技术的加速升级和经济的创新发展将人类社会带入了新的时代（霍达，2021），同时也为企业进行跨国并购提供了新的机遇和挑战。我国实施改革开放已有 40 余年，在此期间经济一直保持快速发展，这在很大程度上得益于我国经济体制的转型和市场化的快速发展（周黎安，2017）。改革开放以来，我国经济发展经历了从计划经济体制向社会主义市场经济体制转变的过程，其中不仅包含自上而下的政府主导的变革，也包含得到政府认可的自下而上的变革（科斯等，2013）。其中，民营企业的发展很大程度上便是政府放权的结果，民营企业从最初的建立到之后的生存和发展，很大程度上受政府和政策的影响（李政毅等，2020）。与西方自由市场相比，我国政府对市场的干预仍旧较强（Zhang 等，2016；Deng 等，2018）。具体表现为，政府作为政策的制定者，同时还通过国有企业参与市场竞争，这便导致了民营企业在国有企业和民营企业的市场竞争中面临市场竞争劣势。国有企业在市场竞争中会获得诸多优惠政策（Liang 等，2015），包括显性的行政垄断、财政补贴和价格管制，以及隐性的税收、融资等优惠（张晖等，2007；张伟等，2011）。虽然不能从根本上改变此种由企业性质带来的不利的竞争地位，但民营企业可以通过与政府建立联系获取一定的政策优惠，如更优惠的贷款政策（罗党论等，2009）。为进一步提升经济活力，我国近几年不断改善营商环境，加大对民营企业的支持力度。特别是 2018 年 11 月，习近平总书记在民营企业座谈会上强调，要从减轻税费负担、解决融资问题、营造公平环境、完善政策执行、构建亲清新型政商关系与保护企业家的人身和财产安全六个方面支持民营企业发展。可见，现阶段我国在缺乏特定优势的前提下，其投资发展路径与发达国家不同，需要充分发挥制度优势，通过外部关系来弥补市场竞争劣势。其中，国有企业发展环境相对优于民营企业，但民营企业可以通过与政府建立联系获得一定程度的缓解。

此外，通过回顾我国对外投资的发展历程，可以发现我国对外投资发展在很大程度上受国家政策的影响。对外投资是受母国制度影响较大的企业行为，具体发展过程的梳理详见本书第二章文献综述部分。国有企业作为政府的代表，在对外投资方面较民营企业具有一定的市场竞争优势，在国家推进对外投资的初始阶段，国有企业就受到大力支持。虽然现阶段国家大力支持民营企业进行海外投资，但在具体实施中仍要经过政府的审批，所以政府对民营企业的支持程度在民营企业的对外投资中也起到非常关键的作用（张默含，2016）。结合跨国并购的特点进行分析，一方面，跨国并购本身具有政策主导、金额巨大等特点，企业尤其是民营企业进行跨国并购需要寻求政策支持；另一方面，新兴市场经济体可能根据自身发展需要介入企业跨国并购活动。依靠股权关系获取外部关系的国有企业、依靠社会关系获取外部关系的民营企业和无外部关系的民营企业三类企业的跨国并购行为具有不同的特征。那么，外部关系究竟如何影响企业跨国并购行为选择进而影响跨国并购绩效，成为需要进一步探讨的问题。

作为新兴市场经济体的中国，面临数字化转型的历史机遇，大量的高新技术企业在很短的时间内崛起。这些高新技术企业在自身技术能力、研发能力很强的同时，也得到了来自政府的支持，作为国际市场的后来者，新兴市场国家在缺乏特定优势的前提下，其投资发展路径与发达国家不同，需要充分发挥制度优势，通过外部关系来弥补市场竞争劣势。外部关系作用于企业创新能力的机理是通过海内外并购来使企业在横向纵向两个角度提升，如诺诚健华公司成立时间很短，从2015年11月3日至今只有不到十年，但却于2020年3月23日在港交所上市，截至2022年2月22日13时，诺诚健华股价12.26港元，总市值183.86亿港元。其创始人施一公为中国科学院院士、清华大学教授、曾任清华大学副校长、现任中国科学技术协会第十届全国委员会副主席、西湖大学校长、清华大学生命科学与医学研究院院长，与政府的联系较为密切。在企业发展的资本方面，引入高瓴资本、维梧资本战略投资，与渤健和 Incyte 达成深度合作，同时于 2021 年启动科创板上市；在海外资源方面，诺诚健华公司的研发团队的成员都曾在著名的跨国性生物医药公司长期工作，对海外的人才进行了深度的整合。在创新层面，诺诚健华在中国及全球已获得 13 项发明专利授权并提交 95 项发明专利申请，在研管线中有 10 款创新药物进入临床研究阶段，其中 I 类创新化药"奥布替尼"用于治疗恶性 B 细胞淋巴瘤，于 2020 年 12 月通过优先审批获国家药监局附条件批准上市。

从整个产业和企业发展的根本动力而言，创新能力是最重要的，作为整合创新和合作创新的重要途径和抓手，适当的企业资产并购是非常有效的途径。在企业并购的过程中实现不同企业之间优势资源的内在整合，进一步降低交易成本，实现不同能力之间的互补增强，在推动企业之间的并购过程中，企业家，特别是企业重要的领导人的特征和外部关系性对于企业并购的影响至关重要。一方面，作为企业家需要具有良好的政治洞察力和"亲清"的政商关系，以此来保证在宏观政策的制定和重要信息的沟通上的有效性；另一方面，良好的外部关系性也关系到整个企业在面临重大挑战时，特别是核心技术创新的关键时期，能否有效地获得足够的政治支持，以提高应对挑战和把握历史机遇的能力。

为了说明三者之间的内在关联性，我们有必要针对国内重要的典型企业、创新创业园区和示范区的情况进行梳理与说明，笔者就参与的中国工程院咨询评议项目进行典型事实陈述，如表 1-1 所示。

表 1-1　北京"三城一区"外部关系、国际合作与创新能力典型事实

名称	外部关系属性	跨国并购及国际合作情况	创新能力
北京加科思新药研发有限公司	无外部关系	与艾伯维（AbbVie）达成全球战略合作，以在全球范围内开发和商业化 SHP2 抑制剂，2021 年 12 月在港交所上市	已建立包含 7 款在研产品的研发管线。其中 JAB-3068 和 JAB-3312 两款药物的开发进展较快，是自主设计开发、具有全球知识产权的小分子口服抗肿瘤药

名称	外部关系属性	跨国并购及国际合作情况	创新能力
北京集创北方科技股份有限公司	北京亦庄国际新兴产业投资中心（国企子公司）控股19.42016%	2016年11月集创北方收购美国科技公司IML，进一步加强了在电源管理产品领域的竞争优势，公司产品与三星、LG、夏普、苹果等厂商进行合作	LED显示驱动技术已达到行业领先，并应用于天安门阅兵、国际体育赛事等重大事务中：面板显示驱动芯片成功导入京东方、华星光电、惠科等面板厂
北京科技创新投资管理有限公司	北京市四家国有企业和中金资本（控股股东）组建合资公司	中金资本派出董事长等，四家国有企业派出副董事长和财务负责人共同组建团队以市场化、专业化、国际化运营	以全球视野，通过政策设计和创新服务模式，同国内外高校院所等创新源头，以及创业投资、龙头企业等社会资本形合合力，实现"三个引导"，即引导投向高端"硬技术"创新、引导投向前端原始创新、引导适合首都定位的高端科研成功落地北京孵化
北京生命科学研究所	2005年12月由八部委共同组建	累计吸引60位海外优秀人才全职回国工作，15人入选国家杰青，42人入选北京市海聚工程，6人入选科技部中青年科技创新领军人物，4人入选国家级百千万人才，5人入选市级百千万人才，3人入选北京学者，2人入选中科院院士和外籍院士	截至2021年10月，所有通讯作者单位发表SCI论文577篇，均影响因子11.11，在《自然》《科学》《细胞》三大顶级期刊发表论文49篇
北京脑科学与类脑研究中心	于2018年3月22日由北京市政府与中国科学院、北京大学、清华大学、北京师范大学、中国医学科学院、中国中医科学院等单位联合共建	已引进26名PI（包括4名外籍科学家）、9名技术辅助中心主任，其中诺贝尔委员会委员1名、海聚人才8名、青年千人1名	将重点围绕共性技术平台和资源库建设、认知障碍相关重大疾病、类脑计算与脑机智能、儿童青少年脑智发育、脑认知原理解析五方面开展攻关，实现前沿技术突破，在脑科学与类脑研究领域产出一批重大原始创新成果，成为国际一流的脑科学与类脑研究研发机构
诺诚健华公司	创立者施一公为中科院院士	研发团队的成员都曾在著名的跨国性生物医药公司长期从事新药研发，并成功开发了数百种新药专利和产品	在中国及全球已获得13项发明专利授权并提交95项发明专利申请，在研管线中有10款创新药物进入临床研究阶段，其中Ⅰ类创新化药"奥布替尼"用于治疗恶性B细胞淋巴瘤，于2020年12月通过优先审批获国家药监局附条件批准上市

名称	外部关系属性	跨国并购及国际合作情况	创新能力
中科艾科米（北京）科技有限公司	核心团队来自中科院物理研究所	ACME 邀请国际知名科学家 Wilson Ho 教授与 Andreas Heinrich 教授担任公司科学顾问	目前已在扫描探针显微术（SPM）及相关领域研发出多种产品，并获得了 20 余项国家发明专利，其中包括多项国际发明专利
中关村国家自主创新示范区	我国第一个国家级高新技术产业开发区和国家资助创新示范区，由北京市委市政府领导	1. 联想、京东方、小米在境外设立分支机构 700 余家。 2. 四达时代、信威、亿赞普在"一带一路"沿线国家拓展业务布局，成立中关村"一带一路"产业促进会。 3. 聚焦英特尔、苹果等 300 多家跨国公司地区总部或研发中心；吸引微软创投加速器、PNP 等一批世界知名创业服务机构落地中关村。 4. 与美国、法国、德国等国家的十余个国际领先创新区域或机构建立长期合作关系：建设中关村-巴黎大区产业创新中心等国际合作载体。 5. 融入国际科技园区协会（IASP）全球创新网络，成功举办 2015 年 IASP 大会。 6. 中关村地区每年举办上万场国际交流合作活动，已成为全球知名的创新创业活跃区域	1. 在新一代信息技术领域，深入推进网络强国、数字经济和智慧城市建设、率先布局人工智能、大数据、云计算、移动互联、物联网、网络安全、虚拟现实等前沿技术领域，突破了一批关键核心技术，培育出一批优秀创新型企业，形成了较为完整的产业链条，产值超 2 万亿元，占全国的 1/10，已形成具有国际影响力的新一代信息技术产业集群。 2. 在智能交通领域，智能交通产业与大数据、云计算、人工智能、物联网等产业深度融合，已形成自动驾驶、卫星导航、轨道交通三大板块，培育出百度、合众思壮、神州高铁等一批行业领军企业，在自动驾驶算法、卫星导航实时定位、高铁制动闸片制造等关键技术突破和核心产品研发等方面达到国际领先水平，产业生态培育和创新引领能力不断增强。 3. 在文化科技领域，大力发展软件与信息服务、创意设计和数字娱乐等重点领域，在人工智能、大数据、云计算、新型显示等新兴技术推动下，呈现数字化、智能化、融合化发展新趋势，成为我国规模最大、业态最丰富的文化科技融合产业集群，文创产业收入已超过 1.3 万亿元

通过整体的创新创业园区、示范区和企业的案例分析，我们可以发现这些成功实现创新发展和科技创新的生态系统都存在一个共同的成功线索，也就是企业的外部关系、国际合作和跨国企业并购以及科技创新这样一条隐含的发展模式，这也就从实践的角度向我们提出了科学的研究问题，这种外部关系、企业跨国并

购和科技创新之间的逻辑关系是否蕴含内在的科学道理，我们能否揭示其内在规律，从而为企业的创新型管理和促进创新型国家的转型做出自己的理论贡献。

综上，中国、印度两国跨国并购的步伐都深受政府政策和外部宏观环境的影响。我国跨国并购的频次和金额逐渐增多，且获取先进技术成为跨国并购的主要动机，其并购效果有待进一步探讨。作为新兴市场国家的代表，中国在缺乏特定优势的前提下，投资发展路径与发达国家不同，需要充分发挥制度优势，通过外部关系来弥补市场竞争劣势，为政府提供在经济市场发挥作用的空间，而跨国并购正是受到政策主导的企业行为。国有企业具有一定的市场竞争优势，与之相比，民营企业在竞争中处于市场竞争劣势，但是可以通过与政府建立关系得到一定程度的缓解。不同企业由于在国内的营商环境不同以及受到的跨国并购的政策支持程度不同，因此会直接表现出不同的跨国并购动机。那么，外部关系究竟如何影响不同企业的跨国并购选择进而影响最终的创新绩效成为需要进一步探讨的问题。

三、我国企业跨国并购案例

在我国企业进行跨国并购的过程中，政府发挥着举足轻重的作用。2000 年我国政府提出的"走出去"战略推动了中国企业跨国并购的飞速发展。"走出去"战略的有效实施代表着中国政府从重视对内投资到利用国内外两种资源、开发国内外两个市场的战略转变。之后，政府在对外投资政策制定上逐渐成熟，出台的政策不仅基于国家战略和企业利益，也开始更多关注员工和东道国的利益，重视企业的核心价值，且考虑人文关怀，如境外人员的雇用、劳资纠纷、企业文化等，以期为我国企业的对外投资和并购活动提供支撑与保障。法律政策的完善也促使并购企业双方之间的责任更加明晰，对我国企业开展跨国并购活动起到了积极的引导作用。在中国经济新常态的背景下，企业面临着供给侧结构性改革和产业转型升级的双重压力和困难，我国政府出台了一系列优化并购重组的利好政策，鼓励我国企业"走出去"。在国家政策逐渐完善的背景下，中国企业积累了丰富的跨国投资和并购经验，并能恰当地应用到企业跨国并购行为中，提升了企业跨国并购的成功率。

近年来，在"一带一路"倡议的推动下，中国企业跨国并购迎来了新的发展机遇。尤其是我国民营企业的迅速发展，促使其积极开拓海外市场，而民营企业的投资也更加多元化，重视对海外核心技术、品牌等的获取，使企业能够逐渐步入全球产业价值链的前端，进而能够促进企业创新能力的提高。我国在政策上的大力扶持也激发了我国企业进行海外投资的活力，加快了企业"走出去"的步伐。随着"一带一路"倡议的实施与推进，我国企业对外投资结构不断优化，对实体经济和新兴产业的投资明显增多，对发达国家制造业和高端制造业的并购步伐也在不断加快。由此可见，在企业进行跨国并购以提升创新能力的过程中，政府作为"监管者""引导者""服务者"，通过政策法规的逐渐完善，发挥着支持、引导和服务的重要作用。

1. 海信并购东芝

从中国企业进行海外并购的实践来看，以海信为代表的中国企业走出了一条极具特色的道路，不仅吸收西方企业的管理经验，还整合企业管理智慧，形成了典型的中国式管理。如海信并购大宇、夏普、东芝、Gorenje 等企业，它的每一次海外并购都很成功，都大幅提升了海信的资本实力、市场空间和产销规模。以海信并购东芝为例，其并购动机主要有三：一是实施全球化战略，增强品牌影响力。由于全球化和国际化进程的加快，海信电器积极拓展海外业务，以有效实施全球化战略。东芝是全球知名品牌，收购东芝有利于海信品牌形象的提升及海外市场的扩张。二是有效整合技术资源，持续保持技术优势。海信在智能化技术及新型显示产品和技术等方面保持绝对领先优势，而东芝则在电视画质、图像、音响等方面有着长期的技术积累，将两者的技术资源加以整合，并进行技术升级迭代，能够提升产品的差异化竞争优势，促使产业不断升级转型。三是共享资源，实现协同效应。随着海信工厂逐渐转移到非洲、东南亚等低成本地区，海信的制造成本明显降低，且规模经济越发显著，这与东芝在日本国内劳动力成本昂贵、原材料匮乏等情况形成对比，但东芝却拥有完善的全球销售网络及渠道优势。因此，海信可以借力东芝供应链渠道的优势在全球范围内进行战略布局，迅速扩大市场份额。同时，东芝可以依托海信的低成本优势，进一步提升其盈利能力和市场竞争力。基于上述分析，可见海信在并购东芝后提升了技术优势，通过并购企业的整合手段将外部技术内部化，形成开放式创新，帮助海信快速填补技术弱项，提高技术创新能力，以促成企业的规模效应和成本优势。

2021年1月6日，海信集团有限公司股权已划转至青岛华通国有资本运营（集团）有限责任公司，按照国资监管有关规定进行管理，即海信现属于国有独资企业。同年5月31日，海信正式收购日本三电，以开拓汽车空调的市场，海信家电并购三电后，更有助于企业技术的迭代加速，可加速企业在汽车空调领域的技术创新，也有助于海信全球供应链构建、渠道布局和资源整合。通过上述分析，海信原属于无外部关系的民营企业，在多次成功实现跨国并购后，提高了企业的外部关系，促使海信转变为国有企业；同时在变为国有企业半年内，又收购了日本三电，2021年11月，海信拟出资近10亿美元收购西门子智能交通系统业务。可见，政府政策扶持引导企业进行跨国并购以提升企业创新能力，促使企业发展壮大提高了其外部关系，同时外部关系又能够推动企业进行跨国并购。可见，外部关系可能是推动政府对企业进行海内外并购整合的重要力量。

2. 海尔并购通用电气家电业务

海尔创业时是集体企业，当时从国家到地方各级政府都给予了海尔"国有企业般的"大力扶持，上市后变为混合制企业，属于有外部关系的民营企业。海尔成立之初是依靠从德国利勃海尔引进的电冰箱技术，逐渐立足于国内市场，如今，海尔实现了从"技术引进"到"技术输出"的转变，连续三年作为全球唯一物联网生态品牌，蝉联BrandZ最具价值全球品牌100强。海尔通过并购美国通用、新西兰斐雪派克、意大利卡迪、日本三洋等品牌，实力不断发展壮大，逐渐完善了其品牌矩阵，全面覆盖日系、美系、欧系等多个主流品牌，满足了客户的多元化和个性化需求。以海尔并购通用为例，2016年6月，海尔以55.8亿美元的收购价格并购美国通用电气，并购资金中有60%（33亿美元）来源于国家开发银行提供的长期贷款。海尔能够成功并购通用，离不开我国政府的大力支持，尤其是银行提供的雄厚的资金支持。

海尔致力于推行全球化发展，进行跨国并购有助于并购双方共享市场资源，海尔并购通用电气，属于技术升级型并购，是横向并购的典型，并购整合中海尔技术上吸收通用家电在专业成套美式厨电上的优质研发资源，市场上共享双方全球销售、零售以及合作的渠道网络，借此打入美国中高端家电市场，以促成企业创新能力提升和品牌升级，最大化实现资源优势，进而能够发挥创新协同效应。可见，外部关系在企业跨国并购活动中发挥着重要作用，政府行为会影响跨国并购的资金流向及银行等金融机构对并购活动的支持等，能够使企业跨国并购活动顺利开展，以便推动企业技术创新能力的提升。

3. 中石油并购 PK 公司

中石油作为国有企业，是中国境内最大的原油、天然气生产、供应商和最大的炼油化工产品生产、供应商，在中国石油、天然气生产、加工和市场中占据主导地位。然而，随着战略性资源在全球日益稀缺，且石油化工行业竞争激烈，国际原油的价格持续上涨，我国可能会面临石油、天然气等资源的供给缺口。因此，出于维持能源经济稳定和供应安全的考虑，中石油开始进行跨国并购活动。可见，中石油进行跨国并购的动机主要是为了弥补国内自然资源的不足，进行战略性基础性行业布局。

中石油作为国有企业，其背后有政府的大力支持以及雄厚的资金支撑，因此有着良好的企业形象和信誉保障，在并购 PK 公司的过程中，获得了哈萨克斯坦政府极大的信任。此外，中哈是邻国，且在地缘政治上互为合作伙伴，并购之前中石油还为当地的公益事业投入了数千万美元。我国政府与哈国良好的外交关系也为中石油成功并购 PK 奠定了坚实的基础。中石油并购 PK 属于横向并购，通过输出优势资源带来了规模经济，迅速扩大了企业的规模，并且降低了规模成本；企业通过跨国并购迅速提高了市场份额，增强了其市场竞争力，能够发挥资源协同效应。中石油在成功并购 PK 公司后，又相继收购了新加坡 Keppel 公司、巴西能源秘鲁公司以及澳大利亚 Arrow 能源等公司。中石油进行的自然资源型跨国并购活动，其目的是获取石油等自然资源来弥补国内资源的不足，进行战略性基础性行业布局，与企业的创新活动无关，且可能会因为跨国并购占用大量资金而挤压已有的创新活动。

由上述我国企业跨国并购案例可知，政府政策的大力扶持和其雄厚的资金支持有利于企业进行跨国并购活动，像海信、海尔这样的技术获取型跨国并购活动，能够通过整合技术资源和发挥持续协同效应促进企业创新能力的提升；而像中石油这样的国有企业进行的资源型跨国并购，只是为了弥补资源的不足，进行战略性基础性行业布局，与企业创新可能没有较大联系，甚至可能会因为进行跨国并购而占用大量的资金，进而会抑制企业的创新活动，如图1-1所示。

图1-1 外部关系对我国企业跨国并购的影响

第二节 研究问题

理论研究发现，现有关于外部关系与跨国并购创新绩效关系的研究未得到一致结论，原因主要有以下两个方面：首先，跨国并购绩效方面，现有研究多针对短期绩效进行，且针对跨国并购创新绩效的研究结论不一致。其次，忽略了外部关系对跨国并购动机的影响，且对外部关系的探究不全面。不同类型的外部关系如何影响跨国并购动机，不同类型的跨国并购会对企业创新产生何种影响，外部关系如何通过影响跨国并购动机进而作用于企业创新绩效，其过程又受到何种因素影响，上述问题有待进一步的研究。

实践分析可知，寻求创新成为我国企业进行跨国并购的主要动机，其作用效果亟须进一步研究。在我国，对外投资政策是国内市场化制度改革的线索之一，跨国并购是受到母国制度影响较大的企业行为，作为国际市场的后来者，新兴市场国家在缺乏特定优势的前提下，其投资发展路径与发达国家不同，需要充分发挥制度优势，通过外部关系来弥补市场竞争劣势。那么，外部关系如何影响企业跨国并购行为选择，进而影响跨国并购创新绩效成为需要进一步探讨的问题。

针对上述理论及实践背景，本书具体提出以下三个研究问题：

第一，通过海信的跨国并购案例可知，政府的政策扶持引导企业进行跨国并购以提升其创新能力，促使企业发展壮大，同时外部关系又能够推动企业进行跨国并购。可见，外部关系可能是推动政府对企业进行海内外并购整合的重要力量。

因此，本书提出的第一个问题是：不同类型的外部关系如何影响跨国并购动机，其解释机制如何？

第二，如前所述海信的技术互补型并购，海信在并购东芝后提升了其技术优势，帮助海信快速填补技术弱项，提高技术创新能力，以促成企业的规模效应和成本优势。又如海尔的技术升级型并购，是横向并购的典型，并购整合中，海尔技术上吸收通用家电在专业成套美式厨电上的优质研发资源，市场上共享双方全球销售、零售以及合作的渠道网络，借此打入美国中高端家电市场，以促成企业创新能力提升和品牌升级，实现资源优势最大化利用，发挥创新协同效应，这两种同属于技术获取型跨国并购。然而，像中石油并购巴西能源秘鲁公司、力拓并购加拿大铝业公司等资源型跨国并购，是为了弥补国内自然资源的不足，进行战略性基础性行业布局，与企业创新可能关系不大，还可能会因为跨国并购占用大量资金而挤压已有的创新活动。

因此，本书提出的第二个问题是：不同的跨国并购动机（技术获取型跨国并购和资源型跨国并购）会对企业创新产生何种影响，其解释机制如何？

第三，如实践背景指出，政府政策的扶持引导海信多次成功实现跨国并购以提升企业创新绩效，同时外部关系又能够推动企业进行跨国并购。可见，外部关系可能是推动政府对企业进行海内外并购整合的重要力量。

因此，本书提出的第三个问题是：外部关系如何通过影响跨国并购动机进而作用于企业创新绩效，其过程又受到何种因素影响，其解释机制如何？

为回答上述研究问题，本书构建了中国制度情境下"外部关系—跨国并购—企业创新"的研究框架，以资源依赖理论和制度理论为研究基础，探究不同类型的外部关系对跨国并购动机的不同影响，不同类型的跨国并购动机对企业创新绩效的影响，以及外部关系如何通过影响企业跨国并购动机进而影响企业创新的路径，具体如图1-2所示。因此本书接下来分三部分进行探讨。研究1：依据资源依赖理论，探究不同类型的外部关系对跨国并购动机及不同类型跨国并购动机的影响，并对不同类型跨国并购的影响因素进行探讨。研究2：重点探讨不同类型的跨国并购对企业创新的作用，并聚焦技术获取型跨国并购探究影响企业跨国并购创新绩效的因素。研究3：从整体上探讨不同类型外部关系通过影响跨国并购动机进而影响企业创新的路径。

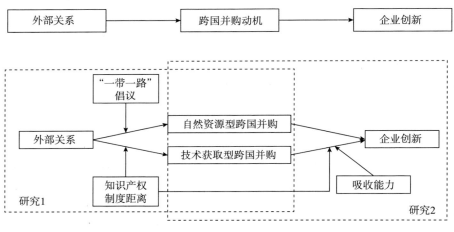

图1-2 研究框架

第三节 研究意义

一、理论意义

本书研究的理论意义有以下四个方面：

一是根据外部关系不同的形成方式，将外部关系划分为依靠股权关系获取的外部关系（国有企业）和依靠社会关系获取的外部关系（有外部关系的民营企业）。同时，依据资源依赖理论，将三类具有不同形式和不同程度外部关系的企业放在一起探讨其对跨国并购动机的影响，弥补了以往研究只针对其中一种外部关系进行探讨的不足。

二是探讨了不同类型的跨国并购对企业创新的影响，弥补了现有跨国并购创新绩效研究将所有类型跨国并购放在一起进行探讨的不足。聚焦技术获取型跨国并购对企业创新的影响，从整合难度及整合能力两个维度探讨了影响技术获取型跨国并购创新绩效的因素，丰富了技术获取型跨国并购创新绩效影响路径研究。

三是以跨国并购动机为中介，形成"外部关系—跨国并购动机—企业创新"的研究路径，探讨了跨国并购动机对依靠股权关系获取的外部关系对跨国并购创新绩效的中介作用。同时，从"资源效应"出发，补充解释了依靠社会关系获取的外部关系对跨国并购创新绩效的作用路径。

四是依据制度理论，结合不同类型跨国并购具有的不同特点，从获取合法性角度探讨了不同类型的跨国并购应重点关注的不同的制度类型，丰富了不同类型制度距离的研究。此外，分不同层次分别探讨了制度距离对跨国并购动机和跨国并购绩效的影响，细化了制度距离对跨国并购不同阶段的影响研究。

二、实践意义

创新作为企业长期发展的必然要求，逐渐成为我国企业进行跨国并购的主要驱动因素，外部关系成为影响企业跨国并购绩效的重要因素。本书结合新兴市场国家缺乏特定优势的背景，通过构建"外部关系—跨国并购动机—企业创新"的解释路径，以跨国并购动机为中介，探讨了依靠股权关系获取的外部关系对跨国并购创新绩效的作用路径。并从"资源效应"出发，补充解释了依靠社会关系获取的外部关系对跨国并购创新绩效的作用路径。着重从跨国并购整合角度出发，探讨了制度距离和吸收能力对跨国并购创新绩效的影响，为不同类型企业跨国并购类型选择、跨国并购创新绩效的提升提供了理论依据，且为企业在实施跨国并购的过程中构建良好的政企关系并合理运用外部关系的优势提供理论指导，以实现有为政府和有效市场的有机统一。

第一，根据获取方式的不同，将外部关系分为依靠股权关系获取和依靠社会关系获取两种不同的类型，以探究依靠正式的股权获取形成的外部关系与依靠社会关系获取形成的外部关系在政策优惠等方面存在的区别，并深究其对外部关系企业的跨国并购选择的影响。同时依据资源依赖理论对不同外部关系企业的跨国并购动机和因此导致的对企业创新的不同作用进行了解释。首先，对国有企业跨国并购创新绩效不足提供了部分解释依据，国有企业在很多情况下不是为了追求效率而存在，其承担了大量关系国计民生的政治任务及战略性基础性行业布局。其次，对有外部关系的民营企业而言，虽然会因完成政府交办任务提升自然资源型跨国并购动机，这在一定程度上会损害创新效率，但更多的仍是因为获得政策支持而促进"资源效应"，这得益于亲清型政企关系的构建。因此，对政府和企业而言，需加大力度构建亲清型政企关系，政府还可以通过改善和加强与资源型国家和国际大型资源企业的关系，从而进行"资源外交"，促进国有企业和有外部关系的民营企业进行资源型跨国并购，真正做到"有为政府"，充分发挥我国制度优势，以促进民营企业的发展。

第二，通过将跨国并购划分为不同的类型，探究了不同类型跨国并购的创新绩效。由于不同类型的跨国并购所追求的目的不尽相同，这会直接影响最终的跨国并购绩效，在实践中不可一味用创新绩效甚至短期绩效衡量跨国并购绩效，要结合具体并购动机进行具体分析。政府应充分发挥自身强大的功能和资源优势，为企业进行跨国并购活动提供良好的政策支持和制度保障，并营造良好、公平、利于企业创新的市场环境，减少企业"寻租"行为，将有效市场和有为政府相结合，以促进企业顺利进行跨国并购活动。

第三，深入探究了技术获取型跨国并购的创新绩效，并分整合难度和整合能力两个维度对影响技术获取型跨国并购创新绩效的因素进行了探讨。具体而言，为减小跨国并购完成后的整合难度，应尽量选择知识产权制度距离小的国家进行跨国并购，为提升跨国并购后的整合效果，还要充分提升自身吸收能力，从上述两个角度为技术获取型跨国并购提升创新绩效提供了可行路径。企业在进行技术获取型跨国并购时，应合理运用外部关系的资源优势，降低外部交易成本，并将国家特定优势附着在企业上，进行技术获取型跨国并购活动以提升吸收能力和技术创新能力，避免盲目追求外部关系影响企业创新绩效，以形成有为政府和有效市场的有机统一。

第四，为不同类型跨国并购应关注的制度距离类型提供了理论依据。具体而言，对自然资源型跨国并购而言，应更加关注目标企业所在国家是否为"一带一路"沿线国家，目标企业所在国家是"一带一路"沿线国家能减小跨国并购难度；对技术获取型跨国并购而言，应更关注知识产权制度距离，知识产权制度距离越小越能降低并购难度并提升并购后的整合程度。因此，企业在进行跨国并购时，应关注我国与东道国的制度环境差异，要注意缓和制度距离带来的负面影响，以减少制度距离导致的外部交易成本和内部管理成本，增强企业合法性，解决跨国经营的难题。

第四节　研究方法与技术路线

一、研究方法

本书主要采用文献分析法和实证研究法对问题进行研究。具体而言，通过文献研究法梳理现有研究的不足，确定研究问题。通过实证分析法进行大数据检验，对所提假设进行验证。

一是文献分析法。采用此方法的主要目的在于通过对文献的梳理确定现有研究的不足，并在此基础上聚焦研究问题及下一步的研究方向，具体包括文献收集、文献整理及文献分析等方面。本书通过对跨国并购绩效、跨国并购动机、跨国并购影响因素、外部关系、资源依赖理论、制度理论等相关理论和文献进行分析，发现现有研究的不足以确定具体的研究内容。通过对资源依赖理论和制度理论的梳理，确定了从资源依赖角度分析国内外部关系缓解新兴市场国家缺乏特定优势的影响，发挥制度优势以及从制度理论角度分析国外合法性获取的基本框架。在此基础上，首先，对跨国并购绩效、跨国并购动机及跨国并购影响因素文献进行梳理发现，现有针对跨国并购绩效的研究多针对短期绩效进行，并且针对影响因素的研究多直接针对最终绩效进行，缺少对外部关系通过影响跨国并购动机进一步影响跨国并购绩效的路径的探究。其次，对外部关系与跨国并购相关研究进行梳理，发现现有针对外部关系对跨国并购创新绩效影响的研究存在不一致的研究结论，原因在于缺少对跨国并购动机影响及不同类型外部关系的研究。最后，通过对跨国并购与企业创新的研究进行梳理，发现缺少针对不同类型跨国并购创新效应的研究。本书通过 Web of Science（SSCI）、JSTOR、Google Scholar 等国外数据库，以及中国知网等国内数据库对相关文献进行搜索，搜集相关研究主题的论文进行研读，其中包括发表在《管理世界》、《中国工业经济》、《南开管理评论》、《经济研究》、*Academy of Management Journal*（AMJ）、*Academy of Management Review*（AMR）、*Strategic Management Journal*（SMJ）等国内外权威期刊上的文献。文献分析是进行研究的前提，确定研究问题并为具体的研究内容打下坚实基础。

二是实证研究法。首先，根据不同的研究问题确定不同的样本范围。具体来说，研究 1 探究的是不同类型的外部关系对跨国并购动机的影响，因此保留样本期间至少进行过一次跨国并购的数据。研究 2 探究的是不同类型跨国并购对企业创新的影响，因此保留样本期间至少进行过一次跨国并购的样本数据作为实验组，以及在样本期间未进行过跨国并购的样本数据作为对照组。研究 3 探究的是不同类型外部关系通过跨国并购动机最终对创新绩效产生影响的路径，进行的是不同类型外部关系之间跨国并购创新绩效的比较，因此保留样本期间至少进行过一次跨国并购的数据。确定研究样本后，构建了非平衡的面板数据，用 Stata 软件对上述数据进行分析。其次，根据不同研究所研究变量的不同特征，选用适用的模型进行具体的假设检验。研究 1 的因变量跨国并购动机为取值为 0-1 的虚拟变量，因此，采用 Probit 模型对某个事件发生的可能性进行检验。研究 2 采用双重差分模型，加入时间变量因素，检验跨国并购事件的发生对企业创新的影响。研究 3 采用回归模型进行检验。最后，互为因果的内生性问题的控制方面，对本书所涉及三个研究的因变量都进行滞后一期的处理。对研究 1 而言，使用同样可以用于检验某事件发生的可能性的 Logit 模型重新进行假设检验，假设检验部分采用的是分样本的方法，稳健性检验部分使用全样本进行进一步检验。对研究 2 而言，先采用倾向性匹配得分法进行一对一匹配后再次用双重差分模型进行假设检验，使用更精确的对照组用于对内生性问题进行控制；然后采用因变量滞后二期和滞后三期数据进一步进行检验，最后采用固定效应模型控制内生性问题。对研究 3 而言，采用固定效应模型控制是因为遗漏某控制变量会导致内生性问题。

二、技术路线

本书研究路线分为以下四个部分，具体如图 1-3 所示。

首先，基于理论基础和实践基础提出研究问题。理论背景研究发现，现有关于外部关系与跨国并购创新绩效的相关研究结论尚存在争议，原因主要有以下两个方面：跨国并购绩效方面，现有研究多针对短期绩效进行，且针对跨国并购创新绩效的研究结论不一致；影响因素方面，跨国并购影响因素多直接针对最终的绩效展开，其作用路径不明，忽略了外部关系对跨国并购动机的影响的探究，而且对外部关系的探究也不全面。但与之对应的实践情况是，一方面，寻求创新成为我国企业进行跨国并购的主要动机，其作用效果却亟须进一步研究。另一方面，在我国，对外投资政策是国内市场化制度改革的线索之一，也是中国参与全球经济治理的重要途径之一，跨国并购是受到母国制度影响较大的企业行为。而作为国际市场的后来者，新兴市场国家在缺乏特定优势的前提下，其投资发展路径与发达国家不同，需要充分发挥制度优势，通过外部关系来弥补市场竞争劣势。不同类型的外部关系究竟如何影响跨国并购动机，不同类型的跨国并购会对企业创新产生何种影响，外部关系如何通过影响跨国并购动机进而作用于企业创

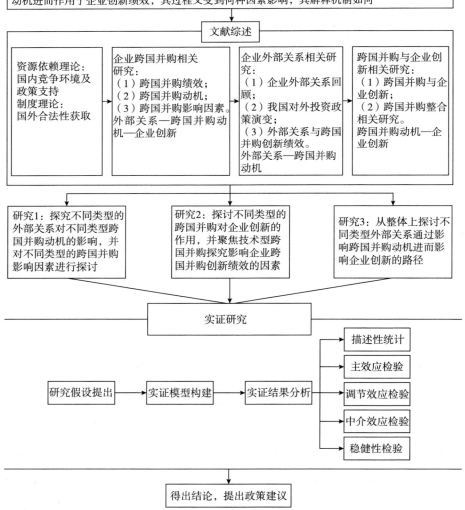

图 1-3　技术路径

新绩效，其过程又受到何种因素影响都有待进一步的研究。基于以上研究的不足提出以下三个研究问题：①不同类型的外部关系如何影响跨国并购动机，其解释机制如何？②不同的跨国并购动机会对企业创新产生何种影响，其解释机制如何？③外部关系如何通过影响跨国并购动机进而作用于企业创新绩效，其过程又受到何种因素的影响，其解释机制如何？

其次，基于研究问题聚焦具体的理论基础并进行文献综述。理论基础方面，通过对资源依赖理论和制度理论的梳理，确定了从资源依赖角度分析依靠外部关系缓解民营企业面临的市场竞争劣势，充分发挥制度优势以及从制度理论角度分析国外合法性获取的基本框架。在此基础上进行文献综述，第一，对跨国并购绩效、跨国并购动机及跨国并购影响因素文献进行梳理发现，现有针对跨国并购绩效的研究多针对短期绩效进行，并且多直接针对最终绩效进行，缺少对外部关系通过影响跨国并购动机进一步影响跨国并购绩效的路径的探究。第二，对外部关系与跨国并购相关研究进行梳理，发现现有针对外部关系对跨国并购创新绩效影响的研究存在不一致的研究结论，一方面在于缺少对跨国并购动机影响的探究，另一方面是现有针对外部关系的研究不全面。第三，通过对跨国并购与企业创新的研究进行梳理，发现缺少针对不同类型跨国并购动机创新效应的研究。因此，本书通过构建"外部关系—跨国并购动机—企业创新"的作用路径对上述问题进行探讨，通过对理论和文献的梳理，为具体研究奠定基础。

再次，根据现有文献研究不足确定三方面具体的研究内容。研究 1 依据资源依赖理论，探究不同类型外部关系对跨国并购动机的影响，并将跨国并购动机分为不同的类型，对其影响因素进行探讨。研究 2 对不同类型跨国并购的创新绩效进行探讨，并进一步聚焦技术获取型跨国并购探究影响创新绩效的因素。研究 3 从整体上探讨不同类型外部关系通过影响跨国并购动机进而影响企业创新的路径。

最后，在每个研究中提出相应的研究假设，根据不同研究所涉及变量的特点构建模型，进行实证检验，并在此基础上得出研究结论，提出相应的政策建议。

第五节 创新点

通过上述研究，本书可能的创新点如下：

第一，依据资源依赖理论对不同类型外部关系对企业跨国并购动机的作用机理进行探讨。根据外部关系不同的形成方式，将外部关系划分为依靠股权关系获取的外部关系以及依靠社会关系获取的外部关系。并进一步依据资源依赖理论，将三种具有不同外部关系的企业（国有企业、有外部关系的民营企业以及无外部关系的民营企业）放在一起，探讨其对跨国并购动机的影响，弥补了以往研究只针对其中一种外部关系进行探讨的不足。

第二，探讨了不同类型的跨国并购对企业创新的影响，弥补了现有跨国并购创新绩效研究将所有类型跨国并购放在一起进行探讨的不足。聚焦技术获取型跨国并购对企业创新的影响，从整合难度及整合能力两个维度探讨了影响技术获取型跨国并购创新绩效的因素，拓宽了跨国并购的研究视角，丰富了技术获取型跨国并购创新绩效影响路径研究。

第三，揭示了外部关系与企业创新之间的作用机制，以跨国并购动机为中介，形成"外部关系—跨国并购动机—企业创新"的研究路径，探讨了跨国并购动机对依靠股权关系获取的外部关系对跨国并购创新绩效的中介作用。并从"资源效应"出发，补充解释了依靠社会关系获取的外部关系对跨国并购创新绩效的作用路径。研究发现：跨国并购动机在依靠股权关系获取的外部关系与企业创新之间起到部分中介作用；吸收能力在依靠社会关系获取的外部关系与企业创新之间起到部分中介作用。

第四，依据制度理论，结合不同类型跨国并购具有的不同特点，从如何发挥制度优势角度探讨了不同类型的跨国并购应重点关注的不同的制度类型，丰富了对不同类型制度距离的研究。此外，从不同层次分别探讨了制度距离对跨国并购动机和跨国并购绩效的影响，细化了制度距离对跨国并购不同阶段的影响研究。

第五，印证了外部关系和社会资本在跨国并购中的重要性，对企业更好地进行跨国并购进而促进企业创新活动提供了借鉴意义。外部关系作为独特的政治资源，包含了政治关系，而政治关系作为一种社会资本能够影响企业的跨国并购。企业可以通过运用外部关系的资源优势，降低外部交易成本，将国家特定优势附着在企业上，使企业快速发展壮大，进行跨国并购活动，以提升吸收能力和技术创新能力。

第六节　研究安排

本书分为六章，具体的章节安排如下：

第一章，导论。首先，通过理论背景和实践背景的梳理，指出现有研究的不足，并以此为基础确定本书的三个研究问题。其次，在此基础上总体概括本书具备的理论意义以及实践意义，指出进行此研究的必要性。最后，结合具体所需要的研究内容，进一步梳理本书的研究方法以及技术路线。

第二章，理论基础与文献综述。首先，通过对资源依赖理论和制度理论的梳理，确定了从资源依赖角度分析依靠外部关系缓解民营企业面临的市场竞争劣势，充分发挥制度优势以及从制度理论角度分析国外合法性获取的基本研究框架。在此基础上，对跨国并购绩效、跨国并购动机及跨国并购影响因素文献进行梳理发现，现有针对跨国并购绩效的研究多针对短期绩效进行，并且针对影响因素的研究多直接针对最终绩效进行，且缺少对外部关系通过影响跨国并购动机进一步影响跨国并购绩效的路径的探究。其次，对外部关系与跨国并购相关研究进行梳理，发现现有针对外部关系对跨国并购创新绩效的研究存在不一致的研究结论，一方面在于缺少对跨国并购动机影响的探究，另一方面是现有针对外部关系的研究不全面。最后，通过对跨国并购与企业创新的研究进行梳理，发现缺少针对不同类型跨国并购创新效应的研究。通过对理论和文献的梳理，为具体研究奠定基础。

第三章，外部关系对跨国并购动机的影响。研究 1 依据资源依赖理论，探究不同类型的外部关系对跨国并购动机及不同类型跨国并购动机的影响，并对不同类型跨国并购影响因素进行探讨。

第四章，跨国并购动机对企业创新的影响。研究 2 重点探讨不同类型的跨国并购对企业创新的作用，并聚焦技术获取型跨国并购探究影响企业跨国并购创新绩效的因素。在此基础上，为研究 3 对外部关系作用路径的探究奠定基础。

第五章，外部关系、跨国并购动机与企业创新。研究 3 从整体上探讨不同类型外部关系通过影响跨国并购动机进一步影响企业创新的路径。

第六章，结论与建议。在总结现有研究结论的基础上，梳理本书的理论意义和实践意义，并针对现有研究不足提出以后可能的研究方向。

第二章 理论基础与文献综述

第一节 理论基础

一、资源依赖理论

资源依赖理论是对企业政治行为进行解释的重要理论依据。资源依赖理论自 1978 年起至今已经经历了 40 多年的发展历程（Pfeffer 等，1978），其作为战略管理领域最重要的理论之一，在不断发展过程中已逐渐形成了一套完备的理论解释体系。资源依赖理论认为组织不是封闭的，而是依赖外部环境存在的开放系统，外部环境为组织存续提供必要的资源，所以研究资源依赖理论必须研究组织所处的环境。组织对外部环境的依赖决定了组织与环境的不对等关系，这就造成了权力的产生，掌握关键资源的一方就掌握了主动权（Emerson，1962）。因此，资源依赖理论的关键是要研究组织与其所处环境之间的关系，这种关系是由于某种关键资源的存在而产生的（Casciaro & Piskorski，2005；Xia，2011）。

Pfeffer 等在 1978 年正式提出资源依赖理论时，具体将这种依赖关系分为两种，分别是共生性依赖（Symbiotic Interdependence）和竞争性依赖（Competitive

Interdependence），在此之后，Xia 等（2014）在 2014 年对相关研究进行了补充，提出了第三类依赖关系合作者依赖（Partner Interdependence）。就三种依赖关系的具体含义而言：①共生性依赖侧重的是目标组织与其上下游企业之间的依赖关系，上游企业为目标企业提供原材料，目标企业再将产品销售给下游企业，缺少谁都不会形成完整的链条；②竞争性依赖侧重的是目标组织与竞争者之间的依赖关系，目标企业与竞争者之间会面对相同的要素市场以及产品市场，它们在相互竞争的关系中互相促进；③合作者依赖侧重的是具有合作关系的组织之间的关系，更多地在合资关系中存在。组织对外界环境依赖的强弱程度受到以下三个因素的影响，分别是资源的重要性、资源的可替代性和外界环境对资源的自由裁量权。组织与外部环境之间的依赖关系不是一成不变的，当组织面对的资源依赖关系较强时，组织通常会通过采取行动缓解因某种资源的不对等而产生的依赖关系（Casciaro & Piskorski，2005；Xia，2011）。相关学者在此基础上从多种角度探讨了缓解依赖关系的途径，例如合资、并购、外部关系、公司治理等（Pfeffer，1972；Pfeffer & Nowak，1976）。

针对资源依赖的缓解策略而言，根据 Xia 等（2014）和 Pfeffer 等（1976）的观点，目前缓解策略可以分为两大类，分别是适应策略（Adaptation）和规避策略（Aviodance）。顾名思义，适应策略指的是努力适应目前所处的环境及其所带来的依赖关系，在目前环境条件下努力生存，但是适应策略可能会导致组织安于现状，不主动发挥主观能动性（Oliver，1991）。规避策略指的是为摆脱现在的依赖关系而离开现在所处的环境，但是进入新的环境势必会形成新的依赖关系。例如，企业通过多元化战略进入新的产品市场，以减少对现有环境的依赖，但是会形成对新产品市场的依赖。上述是组织应对依赖关系的两种行动方向，Pfeffer 等（1978）则总结了五种具体的应对方式：①兼并，一方面可以通过兼并上下游企业进入要素市场或产品市场，进而缓解共生性依赖；另一方面可以通过兼并竞争对手缓解竞争性依赖。②建立合作，通过与外部环境中的组织建立合作关系部分缓解对外部环境的依赖，如建立合资企业、战略联盟等。合作与兼并的区别在于，合作只是部分缓解了对外部环境的依赖，其程度比兼并对依赖关系的缓解低。③董事会嵌套，指的是通过将具有依赖关系的组织的代表引入企业自身的董事会，通过掌握更多的信息来缓解其对该组织的依赖关系。④外部关系，指的是组织通过与政府建立关系从而缓解对不利的营商环境的依赖，为组织的发展创造有利的制度条件。⑤高管继任，指的是通过选择更有能力的高管来缓解组织对外部环境的依赖（Hillman 等，2009）。下面具体对外部关系如何缓解资源依赖关系的逻辑进行分析。

一方面，外部关系是企业缓解对外部环境依赖关系的重要方式。具体而言，企业通过与政府建立关系可以在一定程度上提升企业话语权，进而减轻企业现有对环境中其他组织的依赖，尤其是在缺乏特定优势的市场中这种效果更加明显（Emerson，1962）。如 Xia 等（2014）通过研究发现，随着外资企业进入国内市场，国有企业因为政府的支持能够更好地面对因为随着外资企业进入而增强的共生性依赖、竞争性依赖以及合作性依赖，进而降低国有企业进行跨国并购的动机。另一方面，外部关系在减轻企业现有对环境依赖的同时，也会促使企业形成新的依赖，也就是企业对政府的依赖（Business – Government Interdependency）。企业对政府的依赖关系根据具体的测量方式可以分为两种，分别为依据股权形成的外部关系和依靠高管的社会关系形成的外部关系（Xia 等，2014）。依靠股权关系形成的外部关系，政府对企业具有自由裁量权，企业变成政府的延伸，企业很多行为体现的实际是政府意图。而通过高管社会关系形成的外部关系更多地依靠社会关系维持（Cook 等，1992；Zheng 等，2015），企业通过外部关系获得某些优势资源，如银行贷款、税收优惠等（Zheng 等，2015），而政府通过外部关系达到某种政治目的或是经济目的（Lin 等，2015），双方都有利可图，关系才更加稳定。

综上，本书从依赖关系的产生机理、依赖关系的种类以及目前针对依赖关系的主要策略和具体方式入手，对资源依赖理论进行了比较全面的梳理。可以发现，外部关系是缓解依赖关系的一种重要手段，尤其是在我国缺乏特定优势的环境下，政治活动可以在很大程度上缓解组织对外界缺乏特定优势的依赖。具体而言，外部关系对企业资源依赖有两方面的作用，一方面外部关系可以缓解企业现存的对外界环境的依赖，但与此同时因为企业增加了对政府的依赖也形成了新的依赖关系。企业通过与政府建立关联增加了话语权，进而减轻了目前对外界的依赖，但基于社会关系形成的外部关系，在帮助企业弥补市场竞争劣势、获取更多的资源的同时也会要求企业承担战略性、基础性行业布局，这便形成了新的依赖关系，这种依赖主要是因外界不健全的制度环境而形成的依赖，便称为制度依赖。因外部关系而形成的依赖关系因关系建立的方式不同而分为两种，分别是依靠股权关系形成的制度依赖和依靠社会关系形成的制度依赖。依靠股权关系形成的制度依赖，政府对企业具有自由裁量权，企业行为是政府政策的直接体现。依靠社会关系形成的制度依赖，通过与政府进行利益交换为企业弥补市场竞争劣势，但同时也要承担战略性、基础性行业布局。在制度环境不健全的新兴市场国家，外部关系是企业获取制度优势的主要来源，而跨国并购作为政策性主导的企业活动，制度优待直接决定了企业进行跨国并购的动机。因此，本书依据制度依赖理论对外部关系对跨国并购动机的影响进行探讨。具体机理如图2-1所示。

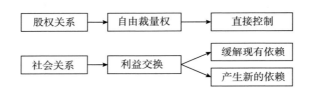

图 2-1 外部关系作用机理

二、制度理论

通过对资源依赖理论的回顾可以发现，外部关系是缓解企业对环境依赖关系的有效途径，但在缓解现有依赖关系的同时，也会形成新的依赖关系。因政府提供的主要是制度优势，所以新形成的依赖主要是制度依赖。而现有针对跨国并购绩效影响因素的研究主要依据制度理论进行，因此为进一步明确制度依赖及制度相关因素如何发挥作用需继续对制度相关理论进行综述。

跨国并购是企业重要的战略行为，其决策受到国内外各种环境因素的影响，现有关于跨国并购决策的研究多以制度基础观（Institutional – Based View, IBV）为依据进行探讨。制度基础观依据的理论基础是新制度主义，新制度主义起源于 Meyer 和 Rowan（1977）以及 North（1990）对于制度的研究。North（1990）将制度定义为一系列的用于规范行为的规则。Scott（1995）在此研究的基础上，进一步将制度分为正式制度和非正式制度，正式制度包含法律、法规和规则，而非正式制度包含文化和价值观等因素。此后，Peng（2008）在制度相关理论的研究基础上，正式提出以制度为基础的研究范式，即制度基础观，其关注组织所处环境中正式和非正式制度因素对企业战略决策的影响。制度基础观对企业进行跨国并购的动因做出了解释，其认为企业进行跨国并购一方面是为了获取境外优势资源，另一方面是为了摆脱国内制度环境的约束，获取海外制度优势（余珮和李珉迪，2019），尤其是对新兴市场国家制度环境的规避进行了解释，例如新兴市场国家无外部关系的民营企业可能比有外部关系的民营企业及国有企业有更强的动机规避现在的制度环境。对国外具有先进制度的企业的并购是否成功以及能否提升并购绩效最重要的一点是能够融入其制度环境，制度差异的存在会影响并购绩效，这就会涉及合法性的相关研究。

新制度主义认为，组织正式架构的存在是为了适应组织外部环境的复杂性，比如随着经济发展组织所面对的越来越复杂的社会关系。相关理论认为正式的组织架构通过帮助组织协调外部复杂的环境提升组织效率，但现实情况是组织架构有很多无效率的设计，单从效率提升角度不能给予解释（Meyer & Rowan，1977；North，1990）。新制度主义由此提出了合法性（Legitimacy）的概念，即组织所处环境对于组织的认可程度，组织生存发展不仅要考虑效率还要考虑与所处环境的契合程度。Dimaggio 和 Powell（1983）进一步推动了与合法性相关的研究，其认为不同组织之间之所以有趋同的趋势，主要是组织为了获取合法性，获取合法性有三种不同的机制，分别是强制（Coercive）、模仿（Mimetic）以及规范（Normative）。上述研究虽然已经开始用到合法性的理念，但直到 Suchman（1995）的研究才提出了合法性明确科学的概念含义。此研究指出，合法性是来自社会的感知，当组织的活动被社会环境普遍认为是恰当的，则组织便被认为是具有合法性的（Perrow，1970；Dimaggio 等，1991）。Suchman（1995）的研究认为合法性具体可以分为三种不同的类型，分别是实用合法性（Pragmatic legitimacy）、道德合法性（Moral legitimacy）和认知合法性（Cognitive legitimacy）。实用合法性是与组织经营相关的合法性，包含利益交换合法性、影响合法性以及外部合法性。利益交换合法性指的主要是企业的客户对企业产品的认可程度；影响合法性指的是企业的利益相关者对企业的认知，认为对企业的付出能够得到回报的程度；外部合法性指的是企业外部的组织对企业的认可程度，即企业在外部的声誉。道德合法性指的是与道德层面相关的合法性，从不同的层面进行划分具体包含结果合法性、过程合法性、结构合法性和个人合法性。认知合法性指的是组织的行为能够受到外部环境中组织理解的程度。

自从合法性的概念得到明确之后，与合法性相关的研究逐渐增多，自此也形成了从不同角度出发进行的研究（Suddaby 等，2017）。具体包含资源流派、感知流派以及过程流派（Pfeffer 等，1981；Oliver，1991；Suchman，1995）。资源流派将合法性看作一种有利于企业获取竞争优势的战略资源（Dowling 等，1975；Pfeffer 等，1978；Ashforth 等，1990），其存在于组织所处的制度环境；感知流派从个人感知和集体感知出发对合法性的本质进行探讨（Johnson 等，2006；Tost，2011），认为合法性是个人和集体对于企业行为是否合适的感知（Zelditch，2006；Tost，2011）。过程流派则是从合法性产生角度出发进行的探讨认为，合法性产生于环境中不同组织之间相互协商产生的结果，其注重对合法性产生过程的研究。可见，资源流派是从合法性对企业的重要意义出发进行的探讨，感知流派是从合法性的本质出发进行的探讨，而过程流派是从合法性如何产生的角度出发进行的探讨，采用此种方式划分的合法性研究的各个流派之间存在相互交叉的部分。虽然相关学者认为对合法性的如此划分方式存在诸多不合理之处，但由于不同的探讨都是从制度理论出发进行的，这也验证了我们选择制度理论对合法性进行探讨的合理性。

跨国并购至少会涉及两个国家或地区的企业，不同国家的制度或多或少存在差异，这不可避免会导致合法性问题。Kostova（1999）由此提出制度距离的概念，用于衡量不同国家之间的制度差距。随着企业所处环境的复杂多变，Green-wood（2008）认为用不同国家之间制度差距衡量制度距离是不够精确的，其引入组织场域的概念，认为制度距离是组织所处场域间的制度差距。随着理论的发展，演化出了不同的对制度距离的分类方式，其依据是不同的对制度进行分类的方法。一种方法是二分法，根据将制度分为正式制度和非正式制度的分类方法（North，1990），将制度距离分为正式制度距离和非正式制度距离（Estrin，2009）。正式制度距离指的是正式制度之间的距离，一般指成文的法律规定之间的差距。非正式制度距离指的是非正式制度之间的距离，一般指不同国家之间文化、价值观等方面的差距。另一种方法是三支柱法，将制度距离分为管制距离、规范距离以及认知距离三种（Kostova，1999）。管制距离指的是国家之间法律规定之间的差距，规范距离指的是国家之间社会规范的差距，认知距离指的是国家之间文化价值观的差距。

有关制度距离的研究一般与合法性的获取相联系进行。具体而言，并购方所在制度环境与东道国的制度环境相差越大，越不容易获得合法性，进而会导致并购方的外来者劣势（Kostova，1999）。制度距离越大表示并购方所在国家与被并购方所在东道国在法律规定等正式制度环境或者文化价值观等非正式制度环境存在较大差距，这直接影响并购方在并购时被并购企业认同的获取，进而直接影响并购选择以及并购后的绩效。制度距离概念提出后有众多研究关注其对跨国并购的影响，如李强（2015）通过研究发现，并购企业所在国家的制度环境与目标企业所在国家的制度环境之间的距离越小，并购方企业通过并购获取的绩效越高，其应用三支柱法对制度距离进行分类，发现随着规范性制度距离的增加跨国并购的绩效会下降，但是管制制度距离对跨国并购绩效产生影响的程度受到并购发生年限的影响。

第二节　企业跨国并购相关研究概述

一、跨国并购动机

传统跨国并购研究都是针对发达国家进行的，对发达国家跨国并购进行解释的理论有垄断优势理论（Hymer，1960）、内部化理论（Buckley & Casson，1976）以及生产折衷理论（Dunning，1981）等，虽这些理论论述的具体内容有所不同，但针对的都是发达国家企业如何通过跨国并购的方式扩大既有的优势。例如，垄断优势理论是在不完全竞争市场的假设前提下，认为垄断资源是不可在国家间随意流动的，因此跨国并购是进入新市场获取垄断利润的非常重要的途径（Rugman，2006）。内部化理论对跨国并购的探讨同样是在不完全竞争的前提下进行的，从交易成本角度对企业边界进行的探讨认为，当内部市场跨越国界时便会产生跨国企业，跨国并购是企业保持垄断优势的重要途径。折衷理论则是在综合上述理论的基础上，提出的综合评价跨国并购优势的三要素框架，分别是所有权优势、内部化优势以及区位优势（Dunning，1981）。其认为企业进行跨国并购的前提是所有权优势，即企业在不完全竞争环境下具有优势资源，内部化优势会导致企业选择跨国并购而非许可证模式，区位优势会导致企业选择跨国并购而非出口。虽然随着理论的不断发展，相关理论对发达国家选择跨国并购的原理进行了更加充分的解释，但是其讨论问题的本质是企业进行跨国并购的根本是要保持或者扩大自身已经具有的优势。但是，其不能解释新兴市场国家不断扩大的跨国并购规模，那么，新兴市场国家企业在不具备优势资源的前提下，为什么会进行跨国并购？

Dunning（1993）提出了外国投资的三个主要动机：寻求外国市场、寻求效率（即降低成本）和寻求资源。由于新兴市场公司跨境并购的快速发展，学者调查了国际化的动机，认为这种传统分析不能完全解释新兴市场跨境并购的增长（Buckley 等，2007；Dunning & Lundan，2008；Athreye & Kapur，2009；Gubbi 等，2010；Li，2007；Mathews，2006；Rui & Yip，2008；Sun 等，2012）。最近的研究表明，新兴市场公司向海外扩张的动机与发达经济体的公司有根本不同（Buckley 等，2007；Li，2007；Luo & Tung，2007；Fortanier & Tulder，2009）。例如，Luo 和 Tung（2007）认为，新兴市场公司追求海外并购的动机是资产寻求，而不是资产开发。

跳板理论和 LLL 理论对新兴市场发生的跨国并购行为进行了解释（Mathews，2006；Luo & Tung，2007），虽然上述两个理论构建的具体框架有所不同，但是与传统跨国并购理论认为企业进行跨国并购必须具备某些优势的观点不同的是，以新兴市场跨国并购为研究对象的两个理论都强调了新兴市场企业进行跨国并购是为了从目标国企业获取某些优势。跳板理论强调新兴市场企业作为后发群体，其进行跨国并购的目的是获得战略资产，将目标国企业作为跳板进行赶超，其强调的是新兴市场国家进行跨国并购的目的。而 LLL 理论中的三个 L 分别指的是资源连接（Linkage）、杠杆（Leverage）、学习（Learning），强调的是新兴市场企业进行跨国并购获取优势的过程，具体而言，其通过跨国并购与东道国企业建立连接，东道国企业作为杠杆帮助并购企业获取战略资产，在此过程中并购方通过不断的学习提升了利用战略资产的能力（吴先明和苏志文，2014）。可见，新兴市场企业跨国并购是在企业本身不具备优势的情况下进行的，其目的是通过跨国并购获取战略资源进而形成优势，而获取资源的种类的不同便构成了新兴市场国家进行跨国并购的不同的动机。

根据 Dunning 等（2000）的观点，企业进行跨国并购的动机具体可分为以下四种，它们分别是：①自然资源寻求（Natural Resource-Seeking），指的是并购方对东道国的自然资源的寻求，随着我国经济的高速发展，对石油、钢铁等关系到国计民生的自然资源的需求逐年上升，单纯依靠进口会面临价格波动、国际市场政策变动等带来的风险，因此越来越多的企业会选择跨国并购的方式获取自然资源（王晔，2014；张海亮等，2015）。②市场开发寻求（Market Seeking），指的是跨国并购帮助企业进入新的市场，获取新的市场的垄断利润。③效率提升寻求（Efficiency seeking），指的是获取被并购企业先进的管理经验提升企业的经营效率。我国的企业自改革开放以来获得了快速发展，积极学习西方现代管理体制，企业管理水平已经得到了大幅的提升，相对于自然资源和战略资产而言，以获取先进管理经验为目的的效率提升已经不是新兴市场国家进行跨国并购的主要动机，而且效率提升与战略资产的获取密不可分，战略资产的获取极大程度上提升了企业效率。④战略资产寻求（Strategic seeking），指的是获取目标国企业具有的战略资产，战略资产符合新兴市场国家企业战略发展方向，能帮助企业克服作为后发者的劣势，实现对先发国家的赶超。随着科技的不断发展，技术已经成为新兴市场国家寻求战略资产的主攻方向。特别是，对于我国而言，在中美经贸摩擦的大背景下，我国高端技术面临外部制约的风险。在加大自主研发的前提下，通过跨国并购获取先进技术仍旧显得紧急和必要（宋林和彬彬，2016；王疆和黄嘉怡，2019；王弘书和施新伟，2021）。

因此，随着经济及科技的高速发展，上述四种跨国并购动机已经不再同等重要了。一方面，随着科技的发展，将跨国并购作为跳板的新兴市场国家倾向通过跨国并购获取先进的技术进而实现技术突破，跨国并购也越来越集中于电信、生物医药等高科技行业，而且技术也越发成为驱动市场开发以及效率提升的非常关键的因素（滕梓源和胡勇，2019；王弘书和施新伟，2021）；另一方面，自然资源具有不可再生性，其一直以来都是驱动企业进行跨国并购的重要原因。随着经济快速发展，关系国计民生的能源越来越成为稀缺的资源，我国作为人口大国，人均自然资源占有量非常少，因此自然资源一直以来都是我国企业进行跨国并购的另一大动机（程聪，2019）。基于不同的动机进行的跨国并购，会直接影响最终的并购绩效。

二、跨国并购绩效

企业通过对外直接投资（Outward Foreign Direct Investment，OFDI）进入境外市场，而对外直接投资根据投资标的不同可以分为以下两种进入方式：绿地投资和跨国并购（Brouthers，2000；刘海云和方海燕；2021）。具体而言，绿地投资指的是通过全额出资直接在目标市场上建立全资子公司，通过这种方式的对外直接投资能够获得对新建立的子公司的完全控制，但与之相对应的缺点是其成本会比较高（孙洪庆等，2010；Fuad 等，2019）。根据国际货币基金组织给定的定义，跨国并购指的是通过兼并或者收购的方式获得目标市场内已经存在的公司的控制权，进而帮助并购方企业获得目标企业以及目标市场内现有的资源。通过上述对比可以发现，两种方式各有利弊，实践中对外直接投资中跨国并购所占的比例正在逐年上升，至 2017 年在对外直接投资总额中已经有 76% 的比例是通过跨国并购的方式完成的（张文菲和金祥义，2020）。

跨国并购方式在对外直接投资中的重要性已然逐渐显现，已经成为对外直接投资在企业层面的主要表现形式（李扬和方婉如，2020），这无疑给企业的经济效益带来了很大的影响（鞠晓生等，2013）。随着经济全球化的快速发展，跨国并购逐渐成为企业进行全球化扩张的重要手段。对于处在竞争劣势的新兴经济体而言，其在全球化竞争中往往会采用更加激烈的战略决策。自 20 世纪 90 年代以来，全球跨国并购数量不断增加，作为新兴经济体的中国，2016 年的跨国并购金额更是达到了同比 246% 的增长，这已经引起了学术界的诸多关注（高厚宾和吴先明，2018）。跨国并购是并购双方处于不同国家的企业并购行为（Shimizu 等，2004），相关学者认为其与发生在本土的并购有很多相似的特点，但是因为跨国并购处于更加复杂的国际环境，需要面临独特的政治、经济及文化等环境，这都会对跨国并购绩效产生影响（Lee 等，2015）。

在跨国并购实践不断增加的背景下，其是否真正提升了企业绩效是一个亟须讨论的问题。现有关于跨国并购与企业绩效相关关系的研究主要分为以下三方面：①跨国并购对超额收益率（股价）的影响；②跨国并购对经营绩效的影响；③跨国并购对企业创新的影响。其中，前两个方面更加侧重对跨国并购短期绩效的探讨，具体而言，第一个方面侧重外部市场对跨国并购的反应，第二个方面侧重跨国并购对企业内部短期经营的影响，第三个方面则侧重对跨国并购长期绩效的探讨。

首先，跨国并购对超额收益率（股价）影响研究方面。现有的关于跨国并购对企业绩效的影响研究主要集中在跨国并购对超额收益率（股价）影响研究方面（谢洪明等，2016），其主要对跨国并购对短期股价（即股票收益率）产生的影响进行分析。目前，此方面的研究得到了比较一致的研究结论，即大部分研究都认为跨国并购会对短期的超额收益率产生正向的影响。国外研究方面，Santos 等（2008）通过对发达国家以及新兴市场的对比研究发现，无论是发达国家还是新兴市场，跨国并购都能够显著增加超额收益率，但是与发达国家相比，新兴市场的跨国并购对超额收益率的提升是更为明显的。国内研究方面，朱玉杰和闫聪（2015）、危平和唐慧泉（2016）的研究得到了相同的结论，以危平和唐慧泉（2016）的研究为例，该研究采用事件研究的方法，对国内 1993~2015 年发生的 495 起跨国并购对超额收益率的影响进行了研究，发现跨国并购在短期内能提升超额收益率，从而显著增加股东财富。但是，也有相关研究指出，上述针对跨国并购与超额收益之间相关关系的研究，聚焦股票市场对跨国并购的反应，从中得到的结论仅为跨国并购行为受到股票市场的认可，但是并购后是否能够成功整合，是否能够促进企业经营等问题都没有得到充分的讨论（谢洪明等，2016；蒋冠宏，2017）。由此，很多学者从与企业内部经营紧密相关的经营绩效及创新绩效方面进行了进一步探讨。

其次，跨国并购对企业经营绩效的影响研究方面。有关跨国并购对企业经营绩效影响的研究一般会用企业并购当年的资产收益率（ROA）或是净资产收益率（ROE）等短期的财务指标进行衡量（谢洪明等，2016），目前并没有得到统一的研究结论。正向作用方面，程惠芳和张孔宇（2006）通过对我国企业跨国并购的研究发现，跨国并购能够明显提升企业资产收益率。Fukao 等（2008）通过对 1994~2002 年发生在日本的跨国并购进行研究得到了同样的研究结论，跨国并购能够明显地提升企业资产收益率，并且这种提升效应在非制造业行业中会更加明显。负向作用方面，王海（2007）以及杜群阳和徐臻（2010）采用案例研究的方法，分别对联想以及海尔集团等企业的跨国并购进行了分析，分析发现实施跨国并购后并购方盈利能力等会有一定程度的下降。针对跨国并购短期财务效益的研究未得到一致的研究结论，一方面是因为跨国并购本身具有复杂性，其最终效益会受到很多因素影响（Bauer 等，2016）；另一方面是因为跨国并购作为企业重要的战略决策，与企业长期发展息息相关，不应仅关注短期财务绩效。数字经济时代，创新已然成为企业发展必不可少的驱动因素，也是很多企业尤其是新兴市场企业进行跨国并购的原因，这显然是用短期股票市场和财务指标无法反映的，因此现有跨国并购绩效研究多从企业创新入手进行探究。

最后，跨国并购对企业创新绩效影响研究方面。目前有关跨国并购与企业创新之间的相关关系并未得到一致的研究结论（Desyllas & Hughes，2010；张文菲和金祥义，2020）。负向作用方面，也称为"抑制说"，认为跨国并购不会显著提升企业创新绩效，甚至会抑制企业创新（韩宝山，2017）。如 Desyllas 和 Hughes（2008）通过对 1984~2000 年发生的跨国并购事件进行研究发现，企业高管一般认为企业通过跨国并购能够获得高新技术，在此情况下，他们会放松对研发的投入。此外，跨国并购需要并购方企业付出大额代价，这在一定程度上限制了他们对研发的投入。正向作用方面，也称为"促进说"，认为跨国并购可以通过吸收被并购方知识促进知识间的协同作用，显著提升企业创新绩效。如 Stiebale（2013）通过对德国企业跨国并购事件的分析发现，跨国并购并不会减少企业对研发的投入，相反，其通过将自身技术与跨国并购技术进行整合从而有利于技术创新。李扬和方婉如（2020）通过对 2008~2017 年的跨国并购进行研究，发现跨国并购显著提升了企业创新绩效，具体体现在跨国并购发生后企业专业申请和授权数量显著增加。上述研究产生分歧的原因主要有以下两个方面，一方面是现有很多研究默认跨国并购的目的是获取先进技术，因此大部分研究并未区分跨国并购的类型，这忽视了部分非技术驱动跨国并购的影响；另一方面是技术驱动的跨国并购本身的并购效果也受到多种因素的影响，例如并购方与被并购方知识的互补程度等。

综上所述，现有关于跨国并购绩效的研究可以分为短期绩效和长期绩效两个大的方面，目前研究大部分集中于对短期绩效的研究。其中，针对短期绩效的研究分为两个方面，一方面是针对宣告日股票市场反应的研究，其与并购之后企业的经营无关，另一方面是针对与企业具体经营相关的以资产回报率等短期财务指标为代表的研究，目前尚未得到一致研究结论，很大一方面是因为跨国并购作为企业重要的战略决策，与企业长期发展息息相关，不应只关注短期财务绩效。数字经济时代，创新作为企业长期发展的必经之路，在很大程度上也成为企业进行跨国并购的驱动力，因此跨国并购创新绩效的研究逐渐成为关注的重点。但目前关于跨国并购创新绩效的研究同样未得到一致的研究结论，一方面是现有很多研究默认跨国并购的目的是获取先进技术，因此大部分研究并未区分跨国并购的类型，这忽视了部分非技术驱动跨国并购的影响，涉及跨国并购动机的研究，另一方面是跨国并购动机以及跨国并购的并购效果会受到多种因素的影响，这其中便包含了与新兴市场相关的因素，这涉及跨国并购影响因素的研究。因此，本书继续对跨国并购动机和跨国并购影响因素进行文献综述。

三、跨国并购影响因素

现有关于跨国并购影响因素的研究多直接针对其对跨国并购绩效的影响进行，相关研究多从国家、行业、交易及企业自身四个层面出发展开研究，具体内容如下：

第一，国家层面。有关国家层面影响因素的研究内容主要涉及母公司所在国家及东道国的正式制度和非正式制度对跨国并购绩效的影响（郭建全，2017）。其主要依据制度理论进行探讨，具体探讨母国制度、东道国制度及两国制度差距对并购绩效的影响（李强，2015；李元旭和刘皶，2016；Ellis 等，2016）。

正式制度距离方面，研究主要集中在：

（1）母国制度越来越健全。目前主要指母公司所在国家公司治理水平越高，其跨国并购绩效也就会越高（Francis 等，2008；Kuipers 等，2009），因为较高的公司治理水平可以降低代理成本。

（2）东道国制度越来越健全。即东道国法律制度越健全，越能够保护并购的顺利进行，进而促进跨国并购的绩效。

（3）母国与东道国的制度距离方面。目前尚未得到一致的研究结论。Martynova 和 Renneboog（2008）以及 Ellis 等（2016）的研究认为，母国与东道国制度距离可以促进并购绩效的提升。但是李强（2015）以及李元旭和刘勰（2016）的研究认为，母国与东道国制度距离越大越不利于并购绩效的提升，因为制度距离会对并购方与目标公司之间的整合产生不利的影响。

非正式制度距离方面：研究主要集中在文化距离对跨国并购绩效的影响方面，目前也未得到一致的研究结论。Krug 和 Hegarty（2001）以及刘璐等（2019）的研究认为，并购双方的文化距离越大越不利于跨国并购后的整合，进而对跨国并购绩效产生负向影响。但另一部分的研究反而认为，随着并购双方文化差距拉大，并购双方的员工通过接触到不同的文化可以激发主观能动性甚至是创新的产生。

第二，行业层面。有关行业层面影响因素的研究内容主要是涉及母公司所在的行业、目标公司所在的行业以及母公司和目标公司所在的行业差距等对并购绩效产生的影响（Aybar & Ficici，2009；余鹏翼和王满四，2014）。相关研究对绩效的衡量主要采用的是短期财务指标，目前未得到一致的研究结论。

第三，交易层面。有关交易层面影响因素的研究内容涉及支付方式以及并购方获取的股权比例等方面（King 等，2004；高厚宾和吴先明，2018）。首先，支付方式方面，不同支付方式的选择不仅会影响并购的完成，同时也会影响并购完成后的绩效。支付方式主要包括现金支付以及股票支付两种，依据不同的理论会得到不同的研究结论。一方面依据信息不对称理论的研究认为，跨国并购中支付方式的选择会向外界传递出一定的信息，采用现金支付会向外界传递公司拥有充足的现金的信息，因此，现金支付方式的跨国并购会有更高的成功率以及更高的并购后的绩效。如 Martynova 和 Renneboog（2008）的研究指出，在企业宣布进行跨国并购之后的一段时间内，企业的股价都会下降，但是选择现金支付的企业股票价格下降的会较小。另一方面也有相关研究认为，选择现金支付方式会给企业带来比较大的经济压力，这会不利于企业的后续发展（李井林等，2014；顾露露等，2017）。其次，并购股权比例方面，现有对股权并购比例对于跨国并购绩效的影响多从风险与控制角度进行分析。

第四，企业层面。有关企业层面影响因素的研究是从微观角度出发进行的研究，其内容涉及相关性、企业以往的并购经验、企业对于并购后的整合以及企业性质等方面。

（1）相关性方面，主要是研究并购方与被并购企业所具备的资源的相似性对并购绩效的影响。King 等（2004）的研究发现，并购方与被并购方的相似程度越高，并购绩效就会越好。但是陈菲琼等（2015）针对高新技术行业的研究却得到了不同的结论，他们通过对技术获取型跨国并购的研究发现，并购方与被并购方的资源相似性程度越高，并购的创新绩效就会越低，但是当并购方与被并购方的资源互补性程度越高时，并购的创新绩效就会越高。

（2）企业以往的并购经验方面，主要是研究有过并购经验的企业进行跨国并购会对跨国并购绩效产生影响，相关研究也未得到一致的研究结论。Aybar 和 Ficici（2009）通过对 1991～2004 年发生的跨国并购进行研究发现，并购方已有的经验会对并购绩效产生负向的影响。大部分研究则认为已有跨国并购经验有助于企业完成跨国并购。

（3）企业并购后的整合方面，主要研究并购完成之后的整合程度、整合速度以及不同的整合内容等对并购绩效产生的影响（Bauer & Matzler，2014；Zhu 等，2015；Bauer 等，2016；高厚宾和吴先明，2018）。

（4）企业性质方面，主要研究并购方股权性质对跨国并购的影响，多从跨国并购能否成功（张建红等，2010）以及并购绩效出发进行研究，未得到一致的结论。在跨国并购的成败方面，相关研究通过对新兴市场的研究发现，国有企业与母国政府关系密切，这会降低其跨国并购的成功率（Li，2019），但通过聘请东道国专家作为顾问，可以提升并购的成功率（张建红，2010）。跨国并购完成后对跨国并购绩效影响方面，主要研究跨国并购完成后企业股权性质对跨国并购绩效的影响，目前未得到一致的研究结论。例如，Du 和 Boateng（2015）认为国有企业跨国并购对并购绩效的提升起到正向作用，而赵奇伟和吴双（2019）通过对民营企业是否存在外部关系的研究，认为外部关系会对跨国并购的绩效产生负面影响。

综上所述，我们可以看到，现有关于跨国并购影响因素的研究多是直接针对跨国并购绩效影响展开的，很多都未得到一致的研究结论。从影响因素到并购绩效有很长的影响链条，而且不同的影响因素可能对不同的阶段产生影响，有的是在动机层面产生影响，有的是在并购行为发生之后到绩效层面产生影响，现有研究笼统地直接研究影响因素对并购绩效的影响，在未打开"黑箱"的情况下，难免会得到不一致的研究结论。企业层面特征决定了企业的行为逻辑，在对跨国并购绩效产生影响之前，它会先影响企业的跨国并购动机，之后才会有跨国并购绩效的问题。

第三节　企业外部关系相关研究

一、企业外部关系研究回顾

企业不是孤立存在的，要面临外界复杂的公共关系，其中与政府的关系是非常重要的一环，而政府行为便是企业为处理和政府之间关系采用的一种非常有效的措施（Pinkham，1998；Hillman 等，2004）。企业通过政治行为（Corporate political activity，CPA）可以促进政府做出有利于企业经营的决策，从而帮助企业成长。与我们现在看到的发展中国家存在较多政府干预行为的现象不同，有关政治行为的研究起源于发达国家（Pigott 等，1979）。与发展中国家相比，发达国家的市场环境比较自由，其政府各项政策的制定可能更容易受到来自企业的影响（Baysinger，1984；Hansen & Mitchell，2000）。学者从不同的角度对企业进行政治行为的目的进行探讨，具体包括获得生产资料、获取合法性、实现战略目标等，其最终目的往往是保证自身的竞争优势（Austen-Smith 等，1996；Hansen 等，2000）。针对发达国家企业政治行为的研究多针对其对行业政策的影响，但是因为新兴市场国家的政治行为存在部分不透明的现象，企业之间本身就存在很多不同，因此其相关研究多针对企业进行（Bendor 等，1987）。综上，现有研究逐渐从发达国家转移到新兴市场情境，以及两种情境下的对比研究。

企业的政治行为是为了获取与政府之间的外部关系，这在制度尚需完善的新兴经济体中的表现更为明显（Faccio & Hsu，2017；Fisman，2001）。外部关系是企业和政府部门之间形成的连接，既包含个人层面的连接也包含机构层面的连接（Siegel，2007）。新兴经济体中的企业之所以会进行政治行为以获取与政府部门之间的外部关系，根本原因还是为了提升企业绩效（Sheng 等，2011），但是其能够在多大程度上提升企业绩效目前学术界并未得到一致的研究结论（Sun 等，2012）。一方面，部分学者认为企业通过建立外部关系可以获得政策上的支持，这便构成企业的优势资源，可以帮助企业获取竞争优势，进而提升企业绩效（Cooper 等，2010）；另一方面，由于外部关系具有不稳定性，在给企业提供政策支持的同时也有可能会让企业付出一定代价，这最终反而可能不利于企业发展（Sun 等，2010），例如，与苏哈托政权相关企业的股价因为政权的垮台受到负面影响。外部关系对企业绩效的影响受到多种因素的影响，具有一定的复杂性，其对企业绩效产生影响的前提是企业所在行业受政策影响较大，并且外部关系的作用路径也不是直接反映在企业绩效上，其会通过影响企业行为进而对企业绩效产生影响。因此，对外部关系的研究首先要选定受母国制度影响较大的企业，然后通过研究外部关系对企业行为的影响进而确定其对企业绩效的影响。

关于外部关系的界定衡量方面，已有研究主要存在正式股权关系、个人之间关系以及个人与组织之间关系三种。

（1）正式股权关系，指的是企业与政府之间通过股权关系建立正式的连接，主要指国有企业，也就是政府及政府所属企业对企业进行正式投资，既包含控股方式也包含参股方式（Lu 等，2014）。由于新兴经济体的很多经济行为受到政府政策的影响，企业进行跨国并购的很重要的一种路径是通过与国有企业建立联盟，从而获得来自政府的政策支持。

（2）个人之间关系，指的是个人与个人之间建立的非正式关系，具体包括企业高管与政府官员和国企高管之间建立起来的社会网络（Li 等，2007）。因为是个人与个人之间的关系，它会随着人的变动而变动，具有不稳定性。一方面，当政府官员或者国企高管发生变化时，这种外部关系会受到很大的影响。另一方面，随着目标企业的高管与政府官员或者国企高管的关系不断加深，政府或者国有企业可能会对目标企业注入资本，这就会随之转变为第一种形式的外部关系（Park & Luo，2001）。

（3）个人与组织之间关系，指的是企业高管通过在政府组织中任职或者政府官员在企业中任职而建立的关系（Hillman & Hitt，1999），具体指企业高管现在或曾经在政府中任职或政府官员在企业中任职，具有一定的稳定性及易测量性。在衡量方法方面，国内学者的研究一般将企业高管曾经在国家或者省级公共行政机构工作，或曾经或目前正在国家或省部级立法部门或相似机构工作，如全国人大代表或全国政协委员，认为其有外部关系。

二、企业外部关系与跨国并购创新绩效

作为国际市场的后来者，新兴市场国家在缺乏特定优势的前提下，其投资发展路径与发达国家不同，需要充分发挥制度优势，通过外部关系来弥补市场竞争劣势，外部关系成为影响企业跨国并购绩效的重要因素，但有正向影响和负向影响两种不同的观点。产生两种不同观点的原因，一方面在于现有关于外部关系的研究不全面，只针对其中一种类型进行，未对两种类型外部关系的作用机理进行比较研究；另一方面在于现有研究一般将外部关系作为调节变量，或直接探究其对某种类型跨国并购创新绩效的影响（郭健全和韩亦秦，2021；高厚宾和吴先明，2018），未从根本上探究其通过影响跨国并购动机进而影响企业创新的路径。

与政府建立良好的关系可以帮助企业获得更多的利益，如降低银行贷款成本（Hill 等，2013），帮助企业进入受监管行业（Ding 等，2014；Xu 等，2015），并从政府获得采购合同（Brogaard 等，2015）。然而，外部关系带来的便利并不总是转化为企业绩效的提高。有外部关系的公司可能会投机取巧，做出一些超出自身能力的事。Masulis 等（2007）发现，具有更多反收购条款的收购方的公告期异常股票回报率显著降低。这表明，受政府保护的公司的经理更有可能沉迷于破坏股东价值的帝国式收购。Parsley 等（2011）的研究表明，有外部关系的公司表现出较低的会计信息质量，因为它们对市场压力的反应动机较低。一些研究发现，外部关系和企业绩效之间的关系因外部环境而异。Faccio（2010）以47 个国家的 16191 家企业为样本，研究了政治关系与企业绩效之间的关系，研究发现这种关系在不同经济发展水平的国家之间是不同的，当企业在腐败程度较高的国家经营时，政治关系的影响更大；具有跨国家外部关系的公司比没有跨国家政治关系的公司表现更差。此外，政客在他们与企业管理者之间的讨价还价中总是扮演着抢手的角色（Chen 等，2017），他们可以通过贿赂或对公司施加过度雇佣来索取租金或榨取资源。在这种情况下，与政府的联系可能会潜在地损害公司价值。

Chen 等（2017）发现，外部关系在并购后的表现中发挥了重要的经济作用，一方面，外部关系在企业中发挥着重要的作用，拥有外部关系的企业可能会由于拥有这一独特的政治资源，而进行更多的跨国并购交易。因为可控性资源的增加可以为管理者提供更多追求个人利益的空间，而不是实现股东财富的最大化。另一方面，政府可能会给企业带来过多的政策负担，导致企业在与政府保持良好关系与提高企业价值之间进行权衡。如果生产率和盈利能力比政治目标更重要，那么有政治关系的公司可能会使自己遭受道德风险，并在国家和公司股东之间产生冲突（Young 等，2008）。具体来说，政治关系可能会对股东财富产生负面影响。

在中国，企业一般分为国有企业和民营企业两种。对于国企来说，它们天生就有政治关系，比起股东财富最大化，国企管理者更有动力追求特定的政治议程，比如增加当地就业、创造更多税收收入或推动社会福利项目，以获得更多的政治晋升，跨国并购交易只能提供便利。许多研究发现，国有企业的绩效较差（Chen 等，2017；Wang 等，2016）。在中国，大多数民营企业是家族控股的，它们在试图获得信贷时处于严重劣势，因为长期贷款的配额完全分配给国有企业（Guariglia 等，2011；Liu 等，2012），这导致他们积极发展政治关系。很多关于民营企业的研究都聚焦于外部关系如何影响企业绩效（Wang 等，2016）。然而，有外部关系的民营企业的业绩是否优于没有政治关系的家族企业，仍然是一个悬而未决的问题。

政府拥有重要的资源，可能会直接影响当地经济环境的政策或规则。对于这些民营企业来说，与政府保持和发展良好的关系尤为重要。由于寻求外部关系的动机不同，国有企业与民营企业之间的政治联系对企业价值的影响也存在差异。与国有企业相比，额外的政治关系可以为民营企业创造更高的边际价值（Chen等，2017）。此外，外部关系可以缓解民营企业的融资约束，降低陷入财务困境的风险。许多研究中都记录了外部关系对民营企业经济活动的积极影响。例如，当公司有外部关系时，创始人更有可能从国家控制的机构获得融资（Li等，2008）；Zhong（2016）提供了证据，政治联系对民营企业并购绩效有显著的正向影响。因此，有外部关系的民营企业在并购交易中要优于没有外部关系的民营企业。在规则不够健全的情况下，外部关系也有助于减少信息不对称，使民营企业能够得到机构投资者的关注，它可以向市场发出信号，表明公司质量好，或者得到政府的隐性保证和保护。因此，政治关系对民营企业的经济活动具有认证效应和背书效应。

根据获取方式的不同，外部关系划分为依靠稳定正式的股权获取的外部关系和依靠高管社会关系形成的外部关系（Xia等，2014）。对依靠股权关系获取的外部关系对跨国并购绩效的影响，目前研究结论较为一致。相关研究将是否把国有企业作为调节变量，从企业自身具备的经营效率出发进行探究（邵新建等，2012），认为国有企业经营效率低于民营企业，因此会对跨国并购创新绩效产生负向影响（张文菲和金祥义，2020；常青青，2021）。现有研究仅针对企业经营效率展开，忽略了企业性质对跨国并购选择的影响。对依靠社会关系获取的外部关系对跨国并购创新绩效的影响，目前尚未得到一致的研究结论（高厚宾和吴先明，2018；李政毅等，2020）。持正向观点的研究根据"资源效应"的观点认为，外部关系能够为企业提供非正式的制度优惠（张敏和黄继承，2009；黄新建和王婷，2012），例如更充足的资金、更优惠的贷款政策等，进而促进跨国并购创新绩效（李政毅等，2020）。持负向观点的研究根据"资源诅咒"的观点认为外部关系的维系本身会投入大量资金，这反而会对跨国并购创新绩效产生负向影响（袁建国等，2015）。之所以会产生不同的结果，同样是因为直接针对跨国并购绩效进行，缺少对跨国并购动机影响的探讨。

根据制度理论，由于跨国并购涉及两个及以上的国家，不同国家由于制度不同会导致合法性问题，而合法性的获取一方面会直接关系跨国并购能够成功（Suchman，1995），另一方面会影响并购完成后绩效的获取。不同类型的跨国并购由于特征不同，需要关注的合法性类型也不同，对于自然资源型跨国并购而言，其是关系国家整体国计民生的敏感性领域，其成功与否以及并购之后的绩效在很大程度上受到东道国政策的影响。与自然资源型跨国并购不同，技术获取型跨国并购需要获得更多的与知识相关的合法性，而知识产权制度距离主要用于衡量不同国家之间知识产权保护相关制度规定之间的差距程度，现阶段不同国家之间在知识产权保护方面仍旧存在比较大的差别（Papageorgiadis 等，2014）。当并购企业所在国家与东道国在知识产权相关制度方面的规定越相似时，并购方越容易获得合法性（North，1990），进而会促进技术获取型跨国并购。

第四节　企业跨国并购与企业创新

随着科技在经济发展中的重要性逐渐提升，技术寻求已经成为新兴市场国家企业进行跨国并购的主要目的。但与之对应的是现有针对跨国并购以及企业创新绩效之间的相关关系的研究尚存在争议（Desyllas & Hughes，2010；张文菲和金祥义，2020；吴航和陈劲，2020；刘威和闻照，2021）。

（1）持负向作用观点的研究认为，跨国并购不会显著提升企业创新绩效，甚至会抑制企业创新（韩宝山，2017；Ernst & Vitt，2000；Ornaghi，2009）。跨国并购可以通过各种渠道影响创新，这些渠道与交易背后的异质动机有关。跨国并购是将资源控制并重新分配使其成为更有效利用的一种手段（Breinlich，2008；Maksimovic 等，2011），这种重新分配会影响跨境并购后创新活动的规模和位置。根据知识资本模型（Markusen，2002）和跨国公司近期相关理论（Ekholm & Hakkala，2007），创新可以在地理上与生产分离，研发的（相对）成本因国家而异。与重复的研发活动相比，创新所产生的知识可以以相对较低的成本转移到外国子公司，并可以同时用于多个地点的生产。这些特征意味着，跨国公司将创新集中在一个单一的地点，这是根据不同国家或子公司之间的研发成本的差异来选择的，并将从研发中产生的知识转移到其附属公司。很可能在大多数情况下，这意味着一个搬迁的创新目标转向收购者的国家，理论和证据表明，由于高成本和操作在国外的壁垒，企业在海外投资必须有优越的研发资产（Markusen，2002）或生产率（Helpman 等，2004）。虽然与研发相关的市场准入和效率提高意味着合并实体在收购后创新产出的增加，但也有潜在地抵消影响的替代渠道。例如，在使用债务融资的地方，并购可能会减少创新，因为这将倾向于提高外部研发成本（Long & Ravenscraft，1993），或者它们不盈利，只出于经理的效用最大化（Shleifer & Vishny，1988）。并购还可能导致多部门或企业集团结构，其内部资本市场不利于研发投资，因为创新的特点是总部和部门经理之间的高度不确定性和信息不对称（Seru，2014）。此外，并购可以影响产品市场的市场力量（Kamien & Zang，1990；Neary，2007；Horn & Persson，2001），这对创新激励有模糊的影响。

如 Desyllas 和 Hughes（2008）通过对 1984~2000 年发生的跨国并购相关事件进行研究发现，企业的高管一般会认为企业通过跨国并购能够获得高新技术，在此情况下，他们会放松对研发的投入。此外，跨国并购需要并购方企业付出大额代价，这在一定程度上限制了他们对研发的投入。Garcia-Vega 等（2012）发现，如果收购者位于技术发展较高的国家，将对内部研发支出产生负面影响，但如果收购者来自技术发展较低的国家，则将对内部研发支出产生积极影响。Stiebale 和 Reize（2011）报告称，外国收购导致德国收购目标的研发支出平均减少。

（2）持正向作用观点的研究认为，跨国并购可以通过吸收被并购方知识促进知识间的协同作用，进而显著提升企业创新绩效（Ahuja & Katila，2001）。

Barney 认为，一家公司获得可持续竞争优势的关键在于，它拥有无法复制的、不可替代的、有价值的和稀缺的资源，知识是企业价值的主要来源，公司被认为是一个生产、存储和集成知识的组织（Grant，1996；Kogut & Zander，1992）。基于知识的观点为跨境并购提供了一个重要的理论视角，在跨境并购过程中，整合目标的知识至关重要（Ranft & Lord，2000，2002；Graebner，2004）。在考虑跨境并购获取目标资源时，最重要的获取资源是基于知识的资源。第一，目标所拥有的不可复制和不可见的知识，为通过跨国并购实现隐性知识的转移提供了可能性。例如，在并购完成后，通过整合双方的知识，可以在研发领域创造协同效应，从而降低研发成本。第二，收购外国公司的异质知识资源，扩大知识库，将有助于提高收购者的创新绩效。通过并购获得的知识与原公司拥有的知识之间可能存在互补效应。一方面，收购者可以利用新获得的知识进行二次创新；另一方面，二次创新产生的技术进一步丰富和提高了原始知识。Ahuja 等认为，并购是收购和吸收目标公司所拥有知识的重要手段。此外，以医药、电子、通信、生物等技术密集型行业为代表的并购活动近年来较为活跃，这也表明并购是获取目标异构知识资源、重建公司竞争优势的一种手段（Karim，2000）。因此，收购方所拥有的知识的广度和深度对创新绩效都有影响。如 Stiebale（2013）通过对德国企业跨国并购事件的分析发现，跨国并购并不会减弱企业对研发的投入，并且通过将自身技术与跨国并购技术进行整合有利于技术创新。对于企业而言，自主创新的主体，在开放式创新环境中，不仅要加强内部创新能力的建设，更要充分利用外部创新知识源，识别把握内化有价值的外部知识技术，提升企业创新绩效。李扬和方婉如（2020）通过对 2008～2017 年发生的跨国并购进行研究，发现跨国并购显著提升了企业创新绩效，具体体现为跨国并购发生后企业专业申请和授权数量显著增加。上述研究产生分歧的原因主要有以下两个方面，一方面是现有很多研究默认跨国并购的目的是获取先进技术，因此大部分研究在并未区分跨国并购类型的情况下探究全部类型的跨国并购对企业创新的影响，这忽视了部分非技术驱动跨国并购对创新绩效的影响。不同的跨国并购类型希望达到的目的也不尽相同，只有有针对性地研究以技术创新为目的的跨国并购对企业创新的影响才是有意义的。另一方面是技术驱动的跨国并购本身的并购效果也受到多种因素的影响，如并购方与被并购方知识的互补程度以及并购之后对被并购企业知识的整合程度等。

根据 Dunning（2000）的观点，企业进行跨国并购的动机具体可分为以下四种，分别是自然资源寻求、市场开发寻求、效率提升寻求以及战略资产寻求。其中战略资产寻求指的是获取目标国企业具有的战略资产，战略资产符合新兴市场国家企业战略发展方向，能帮助企业克服作为后发者的劣势，实现对先发国家的赶超。随着科技的不断发展，技术已经成为新兴市场国家寻求的战略资产的主要方面。虽然新兴市场国家可以通过多种途径实现技术创新，例如自主研发、技术引进等，但几种方式各有利弊。自主研发往往需要较长的研究期限及较大的资源投入，这也意味着企业需要承担较大的风险，技术引进往往会形成路径依赖。而以技术寻求为目的的跨国并购既能缩短技术创新的期限也能通过完全控股目标企业而避免形成路径依赖。因此，在中美贸易战的大背景下，我国高端技术面临外部制约的风险。在加大自主研发的前提下，通过跨国并购获取先进技术仍旧显得紧急和必要（王弘书和施新伟，2021）。随着经济及科技的高速发展，上述四种跨国并购动机已不再同等重要，其中将跨国并购作为跳板的新兴市场国家倾向通过跨国并购获取先进技术进而实现技术突破，跨国并购越来越集中于电信、生物医药等高科技行业，而且技术已越发成为驱动市场开发及效率提升的关键因素（吴先明和苏志文，2014；王弘书和施新伟，2021）。不同类型的跨国并购动机体现了企业进行跨国并购的不同目的，而跨国并购的目的直接影响最终的跨国并购绩效（刘海云和聂飞，2015）。跨国并购往往会占用大量的资金，这不可避免会产生一定的挤占效应，而挤占的目的直接决定其对企业创新的作用。如果挤占资金的目的是进行创新，那么分析的关键是技术跨国并购是否达到了技术提升的目的。如果挤占资金的目的是获得某项自然资源，而非进行技术创新，那么此时对技术的挤占才构成真正意义上的挤占。

对自然资源型跨国并购而言，其目的是获取某项关系国计民生的自然资源用以弥补国内自然资源的不足（王弘书和施新伟，2021），承担战略性基础性行业布局。自然资源型跨国并购与企业创新无关，并且可能因为跨国并购占用大量资金而挤压已有的创新活动。因此，自然资源型跨国并购不仅不会促进企业创新，反而会由于自身目标及对大量资金的占用而对企业创新产生显著的负向作用。对技术获取型跨国并购而言，虽然新兴市场国家可以通过多种途径实现技术创新，例如自主研发、技术引进等，但自主研发往往需要较长的研究期限，这也意味着企业需要承担较大的风险，技术引进往往会形成路径依赖。而以技术寻求为目的的跨国并购既能缩短技术创新的期限也能通过完全控股目标企业而避免形成路径依赖。因此，在中美贸易战的大背景下，我国高端技术面临外部制约的风险。在加大自主研发的前提下，通过跨国并购获取先进技术仍旧显得紧急和必要（吴先明和苏志文，2014）。那么，以技术为目的进行的跨国并购能否达到提升企业创新的目的，其过程又受到何种因素的影响仍有待进一步探究。跨国并购不是静态的过程，根据 Hitt 等（1996）的观点，跨国并购是一项拥有复杂过程的企业行为，具体包括跨国并购前目标的选择、并购过程中与目标企业的谈判，以及在此基础上并购完成之后对目标企业的整合。跨国并购整合的程度直接关系跨国并购能取得多大的成效，上述针对技术跨国并购对企业创新的影响缺少的便是对并购后整合过程的关注，这直接影响其对并购绩效的分析（Desyllas & Hughes，2010）。因此，以下针对跨国并购整合及其对并购绩效影响的相关研究进行文献综述。

第五节　本章小结

综上所述，通过对资源依赖理论和制度理论的梳理，确定了从资源依赖角度分析依靠外部关系缓解民营企业面临的市场竞争劣势，充分发挥制度优势以及从制度理论角度分析国外合法性获取的基本框架，具体如图 2-2 所示。

在现有文献中，关于跨国并购的主要研究来源是前因（动机）和结果（并购绩效和影响绩效的因素，如交易类型、支付类型或以前的收购经验）（Haleblian

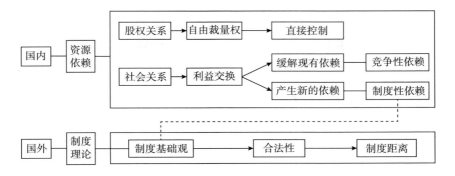

图 2-2 理论框架

等，2009）。现有关于跨国并购绩效的研究可以分为短期绩效和长期绩效两个大的方面，目前研究大部分集中于对短期绩效的研究。其中针对短期绩效的研究分为两个方面：一方面是针对宣告日股票市场反应的研究，其与并购之后企业的经营无关；另一方面是针对与企业具体经营相关的以资产回报率等短期财务指标为代表的研究，目前尚未得到一致研究结论，很大一方面是因为跨国并购作为企业重要的战略决策，与企业长期发展息息相关，不应仅关注短期财务绩效。在数字经济时代，创新作为企业长期发展的必经之路，在很大程度上也成为企业进行跨国并购的驱动力，因此跨国并购创新绩效的研究逐渐成为理论界和实践界关注的重点。但目前有关跨国并购创新绩效的研究同样未得到一致的研究结论，一方面是现有很多研究默认跨国并购的目的是获取先进技术，因此大部分研究并未区分跨国并购的类型，这忽视了部分非技术驱动跨国并购的影响，涉及跨国并购动机的研究；另一方面是跨国并购动机以及跨国并购的并购效果会受到多种因素的影响，这涉及跨国并购影响因素的研究。

在此基础上，本书首先通过对跨国并购动机的相关文献进行综述发现，跨国并购动机包含两方面的含义：一方面是针对跨国并购本身而言，即企业是否有意愿进行跨国并购；另一方面是针对跨国并购类型而言，即进行跨国并购的主要目的是获得什么，我国企业跨国并购动机可以分为自然资源寻求和技术寻求两种动机。基于不同动机进行的跨国并购直接影响并购绩效，而是否进行跨国并购以及进行跨国并购的类型是否受到多种因素的影响。

其次，通过对跨国并购影响因素的文献进行综述发现，现有关于跨国并购影响因素的研究多是直接针对跨国并购绩效影响展开的，且多为短期财务绩效，很多都未得到一致的研究结论。从影响因素到并购绩效有很长的影响链条，而且不同的影响因素可能对不同的阶段产生影响，有的是在动机层面产生影响，有的是在并购行为发生之后到绩效层面产生影响，现有研究笼统地直接研究影响因素对并购绩效的影响，在未打开"黑箱"的情况下，难免会得到不一致的研究结论。企业层面特征决定了企业的行为逻辑，在对跨国并购绩效产生影响之前，它会先影响企业的跨国并购动机，之后才会有跨国并购绩效的问题。由此可见，外部关系通过影响跨国并购动机，进而才最终影响企业创新。因此，以下继续从外部关系与跨国并购以及跨国并购创新绩效两个方面进行综述。

在我国，对外投资政策是国内市场化制度改革的线索之一，也是中国参与全球经济治理的重要途径之一，跨国并购是受到母国制度影响较大的企业行为。国有企业作为政府的代表，由于大多承担战略性基础性行业布局，在进行对外投资的初始阶段，国有企业就受到大力支持。虽然现阶段国家大力支持具有实力的民营企业进行海外投资，但是其仍要经过政府的审批，所以政府对民营企业的支持程度（外部关系）在民营企业的对跨国并购也起到非常关键的作用。可见，国有企业、有外部关系的民营企业和无外部关系的民营企业三类企业的跨国并购行为具有不同的特征。

作为国际市场的后来者，新兴市场国家在缺乏特定优势的前提下，其投资发展路径与发达国家不同，需要充分发挥制度优势，通过外部关系来弥补市场竞争劣势，外部关系成为影响企业跨国并购绩效的重要因素，但目前其对跨国并购创新绩效的研究尚未达成一致。原因主要有以下两个方面：一方面在于现有关于外部关系的研究不全面，只针对其中一种类型进行，未对两种类型外部关系的作用机理进行比较研究；另一方面在于现有研究一般将外部关系作为调节变量，或直接探究其对某种类型跨国并购创新绩效的影响（郭健全和韩亦秦，2021；高厚宾和吴先明，2018），未从根本上探究其通过影响跨国并购动机进而影响企业创新的路径。外部关系作为企业性质直接影响企业行为，进而才会影响跨国并购绩效，首先需要探讨的是其对跨国并购动机产生的影响。根据制度理论，由于跨国并购会涉及两个及以上的国家，国外合法性获取的难易程度也会在此基础上影响跨国并购动机。不同类型的跨国并购动机对企业创新究竟会产生何种影响，何种因素会影响跨国并购对企业创新的影响，本书在此基础上继续对跨国并购与企业创新相关关系的研究进行综述。

现有针对跨国并购创新绩效研究未得到一致研究结论。一方面是现有很多研究默认跨国并购的目的是获取先进技术，大部分研究在未区分跨国并购类型的情况下探究全部类型的跨国并购对企业创新的影响，这忽视了部分非技术驱动跨国并购对创新绩效的影响，不同类型的跨国并购动机也不尽相同；另一方面是跨国并购创新绩效都会受到多种因素影响。我国企业跨国并购动机可以分为自然资源寻求和技术寻求两种动机，基于不同动机进行的跨国并购直接影响并购绩效，有针对性地探究技术获取型跨国并购对企业创新的影响才有意义，而技术获取型跨国并购对创新绩效的影响又受到整合程度的影响，整合程度进一步受到整合难度和整合能力的影响。

综上所述，理论基础方面，通过对资源依赖理论和制度理论的梳理，确定了从资源依赖角度分析依靠外部关系缓解民营企业面临的市场竞争劣势，充分发挥制度优势以及从制度理论角度分析国外合法性获取的基本框架。在此基础上进一步进行文献综述，首先，对跨国并购绩效、跨国并购动机及跨国并购影响因素文献进行梳理发现，现有针对跨国并购绩效的研究多针对短期绩效进行，并且多直接针对最终绩效进行，缺少对外部关系通过影响跨国并购动机进行影响跨国并购绩效的路径的探究。其次，对外部关系与跨国并购相关研究进行梳理，发现现有针对外部关系对跨国并购创新绩效的研究存在不一致的研究结论，一方面在于缺少对跨国并购动机影响的探究，另一方面是现有针对外部关系的研究不全面。最后，通过对跨国并购与企业创新的研究进行梳理，发现缺少针对不同类型跨国并购动机创新效应的研究。因此，本书通过构建"外部关系—跨国并购动机—企业创新"的作用路径对上述问题进行探讨。

第三章　外部关系对跨国并购动机的影响

作为国际市场的后来者，新兴市场国家在缺乏特定优势的前提下，其投资发展路径与发达国家不同，需要充分发挥制度优势，来弥补市场竞争劣势。首先，通过对跨国并购绩效相关研究的综述发现，研究多针对短期绩效进行（朱玉杰和闫聪，2015），对跨国并购创新绩效研究不足，且针对跨国并购创新绩效的研究同样未得到一致研究结论（张文菲和金祥义，2020）。一方面是现有很多研究默认跨国并购的目的是获取先进技术，在未区分跨国并购动机的情况下探究全部跨国并购对企业创新的作用，忽视了部分非技术驱动跨国并购的影响，这涉及跨国并购动机的研究（王疆和黄嘉怡，2019；宋林和彬彬，2016）；另一方面是跨国并购动机以及跨国并购的并购效果受到多种因素的影响，这涉及跨国并购影响因素的研究（Kuipers 等，2009；郭建全，2017）。

其次，在探讨影响绩效因素时，多直接针对跨国并购最终绩效展开（赵奇伟和吴双，2019），从影响因素到并购绩效有很长的影响链条，不同的影响因素可能对不同的阶段产生影响，有些是动机层面，有些是绩效层面，而动机会直接对绩效产生影响。现有研究笼统地直接研究影响因素对跨国并购绩效的影响，在未打开"黑箱"的情况下，难免会得到不一致的研究结论。在国家、行业、交易及企业层面的影响因素中，企业层面因素直接决定了企业的行为逻辑，在对跨国并购绩效产生影响之前，它会先影响企业是否进行跨国并购，以及选择什么类型的跨国并购。现有针对企业性质对跨国并购影响的研究多从外部关系角度展开，通过对外部关系与企业跨国并购相关文献进行综述发现，一方面现有针对外部关系与跨国并购的研究多直接研究其对跨国并购绩效的影响（Du & Boateng, 2015；赵奇伟和吴双，2019），忽略了外部关系对跨国并购动机的影响；另一方面现有对外部关系的探究本身存在不足，主要是研究不全面，或将企业分为国有企业和民营企业（王晔，2014；张文菲和金祥义，2020），探究国有控股对跨国并购绩效的影响；或只针对民营企业，探究外部关系对民营企业跨国并购绩效的影响（李政毅等，2020；郭健全和韩亦秦，2021）。

因此，本章首先探讨"外部关系—跨国并购动机—企业创新"路径的前半部分，即不同类型外部关系对跨国并购动机的影响。具体而言，本书依据资源依赖理论，以 2009～2018 年跨国并购相关数据为样本，对外部关系对企业跨国并购动机的影响机制进行探讨。

第一节　研究假设

一、不同类型的外部关系

新兴经济市场的企业进行政治行为的目的是获取政府的支持，通过发挥制度优势来弥补市场竞争劣势。这些外部关系根据形成方式的不同分为正式连接和非正式连接两种不同类型。

作为国际市场的后来者，新兴市场国家在缺乏特定优势的前提下，其投资发展路径与发达国家不同，需要充分发挥制度优势，来弥补市场竞争劣势。新兴市场的企业为了保持自身的发展，需要与新兴市场的政府保持紧密联系（Zhang 等，2016），如通过聘任有政府背景的人员担任董事会成员来保持与政府的联系。根据与政府保持关系方式的不同，外部关系也具有不同的类型，分别是靠正式的股权关系维系的关联和通过社会关系维系的关联（Xia 等，2014）。靠正式的股权关系维系的关联通过自由裁量权发挥作用，通过社会关系维系的关联则通过市场发挥作用，其作用逻辑不同，最终的作用效果也必然存在不同（Sun 等，2015）。以往研究都是遵循某一逻辑，将企业分为国有企业与民营企业（王晔，2014；朱玉杰和闫聪，2015；张文菲和金祥义，2020），或者只针对民营企业进行研究（李政毅等，2020；郭健全和韩亦秦，2021），这两种研究都是不全面的。本书将不同类型的关联放在一起，以更加全面地探究其对企业跨国并购动机的影响。

依靠正式的股权关系获取的外部关系指的是政府通过持有企业的股份参与企业行为，而企业会在此过程中享受政府给予的优惠政策，这种优待无需企业刻意谋求，而是因为股权关系而天生具有的（Liang 等，2015）。典型的是国有企业与政府的关系，如国有企业融资门槛较低，能以更低的利率取得银行贷款。依靠高管社会关系获取的外部关系指的是企业能够通过政府的优惠政策，弥补市场竞争劣势，进而执行国家宏观调控的目标（Sun 等，2010），与依靠股权关系维系的外部关系不同，依靠社会关系维系的外部关系不是企业成立之初便先天具备的，而是后天通过企业高管的努力而获取的。典型的是有外部关系的民营企业与政府的关系，有外部关系的民营企业可能会为了获取政策优惠而进行跨国并购（Williamson & Raman，2011；Liedong & Rajwani，2018）。例如，"一带一路"倡议之所以能够得到很好的落实，是由于国有企业在前期起到带头作用，但国有企业的力量毕竟是有限的，后续民营企业积极响应政策号召，以获得政策支持。

可见，依靠正式的股权获取的外部关系与依靠高管社会关系形成的外部关系在政策优惠方面存在区别。国有企业与民营企业的行业属性不同，国有企业在国内大多承担国内战略性基础性行业布局，民营企业参与的是市场化新兴行业，二者并不冲突，各司其职。以往有关外部关系的研究，或是探究国有企业与民营企业的区别，或是只针对民营企业，探究有外部关系的民营企业与无外部关系的民营企业的区别。本书根据外部关系产生的不同方式，将企业分为三种不同类型的群体，它们分别为国有企业、有外部关系的民营企业和无外部关系的民营企业。

具体而言，国有企业作为政府控股企业，具有先天的外部关系，在政策优惠方面具有明显优势（Waldmeir & MacNamara，2010）；有外部关系的民营企业能够获得一定程度的政策优惠，但本身存在不稳定性；无外部关系的民营企业在政策方面不存在优待，处于完全竞争的市场环境（Sun 等，2016）。

二、竞争性依赖与制度性依赖

外部关系作为企业层面特征，会对跨国并购动机产生影响，不同类型的外部关系究竟会如何影响跨国并购动机？本章依据资源依赖理论对不同类型外部关系对企业跨国并购动机的作用机理进行探讨。资源依赖理论认为组织不是封闭的系统，而是依赖外部环境存在的开放系统，外部环境为组织存续提供必要的资源。资源依赖理论的关键是要研究组织与其所处环境之间的关系，这种关系是由某种关键资源的存在而产生的（Casciaro & Piskorski，2005；Xia，2011）。根据目前的相关研究，依赖关系主要有共生性依赖、竞争性依赖以及合作者依赖。共生性依赖侧重的是目标组织与其上下游企业之间的依赖关系，竞争性依赖侧重的是目标组织与竞争者之间的依赖关系，合作者依赖侧重的是具有合作关系的组织之间的关系。组织与外部环境之间的依赖关系不是一成不变的，当组织面对的资源依赖关系较强时，组织通常会通过采取行动缓解因某种资源的不对等而产生依赖关系（Casciaro & Piskorski，2005；Xia，2011）。作为国际市场的后来者，新兴市场国家在缺乏特定优势的前提下，其投资发展路径与发达国家不同，需要充分发挥制度优势，通过外部关系来弥补市场竞争劣势。因此，外部关系是重要的缓解竞争性依赖的途径。

国有企业外部关系主要靠股权关系获取，其外部关系是天生存在的，政府通过自由裁量权控制其行为。而新兴市场民营企业获取外部关系的目的主要是为了缓解因缺乏特定优势而造成的竞争性依赖，但与此同时也会形成与政府之间的制度性依赖。从外部关系发挥作用的原理来看，一方面，外部关系是企业缓解对外部环境依赖关系的重要方式，这种依赖主要是竞争性依赖。具体而言，企业通过与政府建立关系可以在一定程度上提升企业话语权，进而减轻企业现有对环境中其他组织的依赖，尤其是在缺乏特定优势的市场中这种效果更加明显（Emerson，1962）；另一方面，外部关系在减轻企业现有对环境依赖的同时，因为企业增加了对政府的依赖也形成了新的依赖关系。企业通过与政府建立关联增加了话语权，进而减轻了目前对外界的依赖，这种依赖主要是因外界不健全的制度环境而形成的依赖，称为制度依赖，具体作用如图3-1所示。

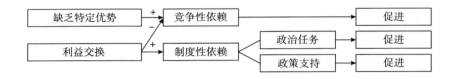

图3-1　社会关系型外部关系对跨国并购动机作用

根据上述分析，竞争性依赖与制度性依赖对企业跨国并购动机起到反向作用。具体而言，企业对所处环境的竞争性依赖越强表示企业在环境中越处于不利的竞争地位，越有动力进入国外市场，即进行跨国并购的动机越强烈。相反，企业对所处环境的竞争性依赖越低表示企业在环境中越处于有利的竞争地位，在这种情况下没有动机进行跨国并购（Boddewyn & Brewer，1994）。制度性依赖存在于依靠社会关系获取的外部关系，指的是企业对政府提供的优待制度的依赖，其同样会促进企业按照政府的意图进行跨国并购。新兴市场国家的企业获取外部关系的目的就是获取制度优势以获取在所处环境中的竞争优势，其竞争性依赖得到缓解。但是其为了降低竞争性依赖付出的代价是增强了制度性依赖，制度性依赖会促使企业按照政府的意图进行跨国并购（Pfeffer 等，1978）。可见，竞争性依赖和制度性依赖在企业跨国并购中同时发挥作用，有必要对国有企业、有外部关系的民营企业和无外部关系的民营企业的跨国并购动机进行比较研究。

三、跨国并购类型选择

根据 Dunning 等（2000）的观点，企业进行跨国并购的动机具体可分为以下四种类型：一是自然资源寻求，指的是并购方对东道国自然资源的寻求，随着我国经济的高速发展，对石油、钢铁等关系国计民生自然资源的需求逐年上升，单纯依靠进口会面临价格波动、国际市场政策变动等带来的风险，因此越来越多的企业选择跨国并购的方式获取自然资源（王晔，2014；张海亮等，2015）。二是市场开发寻求，指的是跨国并购帮助企业进入新的市场，获取新市场的垄断利润。三是效率提升寻求，指的是获取被并购企业先进管理经验提升企业经营效率。我国企业自改革开放以来快速发展，积极学习西方现代管理体制，企业管理水平已经得到大幅提升，相对于自然资源和战略资产而言，以获取先进管理经验为目的的效率提升已经不是新兴市场国家进行跨国并购的主要动机，而且效率提升与战略资产的获取密不可分，战略资产的获取很大程度上提升了企业效率。四是战略资产寻求，指的是获取目标国企业具有的战略资产，战略资产符合新兴市场国家企业战略发展方向，能帮助企业克服作为后发者的劣势，实现对先发国家的赶超。随着科技的不断发展，技术已经成为新兴市场国家寻求的战略资产的主要方面，尤其是在现阶段我国高端技术面临"卡脖子"的情况下，在加大自主研发的前提下，通过跨国并购获取先进技术仍旧显得紧急和必要（宋林和彬彬，2016；王疆和黄嘉怡，2019；王弘书和施新伟，2021）。

现在的市场条件已经发生了很大变化，主要表现在科技的高速发展和自然资源的不断稀缺，上述四种跨国并购动机已不再同等重要。一方面，随着科技的发展，将跨国并购作为跳板的新兴市场国家倾向通过跨国并购获取先进技术进而实现技术突破，跨国并购越来越集中于电信、生物医药等高科技行业，而且技术已越发成为驱动市场开发及效率提升的关键因素（王弘书和施新伟，2021）；另一方面，能源具有不可再生性，其一直以来都是驱动企业进行跨国并购的重要原因。随着经济的快速发展，关系国计民生的能源越来越成为稀缺资源，我国作为人口大国，人均能源占有量很少，因此能源一直以来都是我国企业进行跨国并购的另一大动机（程聪，2019）。我国企业跨国并购动机可以分为自然资源寻求和技术寻求两种动机（滕梓源和胡勇，2019，王弘书和施新伟，2021）。以下通过三种企业两两之间的比较，详细探究两种依赖关系对跨国并购意愿本身以及不同跨国并购类型选择的不同作用。

四、不同类型外部关系与跨国并购动机

1. 国有企业与无外部关系的民营企业

国有企业的外部关系是通过政府持股而存在的，政府通过自由裁量权控制企业行为，不存在依靠社会关系获取政策优惠而产生的制度依赖，因此依据竞争性依赖对其行为进行解释。无外部关系的民营企业不存在对政府的依赖关系，其行为更多的是市场行为，因此同样依据竞争性依赖对其行为进行解释。所以，对国有企业和无外部关系的民营企业进行跨国并购动机差异的对比研究主要以竞争性依赖为依据进行。

国有企业作为政府行为的延伸，可能会受到政府政策的优待，这会造成民营企业在市场竞争中面临市场竞争劣势。国有企业在国内市场的发展具有不可比拟的优势（Li 等，2008），这是无外部关系的民营企业很难获得的，如无外部关系的民营企业存在的融资难等问题极大地限制了企业的发展。这在很大程度上导致无外部关系的民营企业去国外寻求公平的发展机会。正是我国现有缺乏特定优势的前提为上述差别化的政策提供了可能（白重恩，2015），也正是这些针对不同类别企业的差别化的政策使得企业在所竞争领域差异化的地位。竞争性依赖具体可以存在于要素市场及产品市场，具体对要素市场的竞争而言，国有企业是政府依靠正式的股权关系控制的企业，其承担着为政府履行政治责任和社会责任的任务，例如，提供更多的就业岗位等（Cuervo-Cazurra 等，2014）。帮助国有企业发展也就是帮助政府自身完成经济及社会责任，因此政府会给予国有企业政策上的倾斜，例如，国有企业一般有充足的资金保障，能够进入能源等限制性行业，能够获取土地等战略资源（Huang，2003）。与国有企业在要素市场天然优势不同的是，无外部关系的民营企业不管是在资源获取、行业准入还是在资金保障方面都具有很大的劣势（Liedong & Rajwani，2018）。对产品市场的竞争而言，国有企业和无外部关系的民营企业的区别主要体现在某些限制性行业只允许国有企业进入，而且在新进入某个新的领域时无外部关系的民营企业往往也会面临比较

高的门槛，这给无外部关系的民营企业的发展带来了限制（Sun 等，2010）。因此，为了获取更多、更公平的发展机会，无外部关系的民营企业有更强的意愿进行跨国并购。

综上，作为新兴市场的典型代表，我国作为国际市场的后来者，在缺乏特定优势的前提下，投资发展路径与发达国家不同，需要充分发挥制度优势，通过外部关系来弥补市场竞争劣势。国有企业在国内大多承担国内战略性基础性行业布局，会使得国有企业有机会获得政策倾斜，这进一步激励无外部关系的民营企业出国寻求发展机会。另外，跨国并购作为一个受政策主导的企业行为，我国现有支持民营企业走出去的政策也在很大程度上为无外部关系的民营企业进行跨国并购提供了机会和可能。因此，无外部关系的民营企业有更强的动机进行跨国并购，根据上述分析具体得到如下假设：

H3-1：在其他条件不变的情况下，相较于国有企业，无外部关系的民营企业更有可能进行跨国并购。

具体到不同类型的跨国并购动机而言，现阶段我国缺乏特定优势（Dorobantu 等，2017），政府既是市场规则的制定者同时也是市场的参与者。国有企业作为政府行为的延伸，可能会受到政府政策的优待（Li 等，2007），这是无外部关系的民营企业很难获得的，会迫使无外部关系的民营企业去国外寻求公平的发展机会。无外部关系的民营企业进行跨国并购的动机是为了寻求自身发展，因此与国有企业相比其更可能进行技术获取型跨国并购。而国有企业作为政府行为的延伸，其进行跨国并购主要是政府交办的任务，因而更有可能进行关系国计民生的自然资源型跨国并购。根据上述分析做出如下假设：

H3-1a：在其他条件不变的情况下，相比于国有企业，无外部关系的民营企业更有可能进行技术获取型跨国并购。

H3-1b：在其他条件不变的情况下，相比于国有企业，无外部关系的民营企业更不可能进行自然资源型跨国并购。

2. 国有企业与有外部关系的民营企业

有外部关系的民营企业通过与政府的利益交换弥补市场竞争劣势，在缓解现有竞争性依赖的同时，形成了新的对政府的制度性依赖关系，因此，对有外部关系的民营企业和国有企业相比较进行的探讨会同时涉及竞争性依赖和制度性依赖。所以，此部分对国有企业和有外部关系的民营企业进行跨国并购动机差异的对比研究以竞争性依赖和制度性依赖为依据进行。

有外部关系的民营企业通过利益交换获取了一定程度上的政策倾斜（Doro-bantu 等，2017；Bonardi，2011），这在我国缺乏特定优势的背景下，部分缓解了有外部关系的民营企业面临的市场竞争劣势。但由于其外部关系来源于社会关系，与国有企业天生的外部关系相比等级较低。因此，有外部关系的民营企业虽然在一定程度上获取了政策的支持，但其营商环境与国有企业相比还是有一定的差距（Fisman，2001；Hillman 等，2004；Bonardi 等，2006），其中跨国并购便是缓解国内市场竞争的有效途径（Oliver，1991；Witt & Lewin，2007）。因此与国有企业相比，其更有动力进行跨国并购。制度性依赖同样也会对有外部关系的民营企业的跨国并购行为产生一定促进作用。制度性依赖是有外部关系的民营企业为缓解竞争性依赖而产生的（Keim & Baysinger，1988），指的是政府在为企业提供政策便利的同时也会要求有外部关系的民营企业完成一定的政治目标，这同样会对企业产生一定的约束，其中就包括要求企业按照政府的意图进行跨国并购。并且会有一定的资源和政策性支持，这同样会为其跨国并购动机提供足够的支持。一方面制度性依赖的存在会要求企业完成一定的关系国计民生的政治任务，并承担战略性、基础性行业布局（Williamson & Raman，2011；刘瑞明，2013），这会推动有外部关系的民营企业进行跨国并购。另一方面政策倾斜的具体含义是为企业提供政策上的优惠待遇，例如提供更多的资金支持等，这也会在很大程度上推动有外部关系的民营企业进行跨国并购。

综上，作为新兴市场的典型代表，在我国缺乏特定优势的前提下，需要充分发挥制度优势，通过外部关系来弥补市场竞争劣势。有外部关系的民营企业虽然通过利益交换弥补了一定的市场竞争劣势，缓解了国内市场的竞争性依赖，但与国有企业天生的外部关系相比还是存在一定的差距。这就导致与国有企业相比，有外部关系的民营企业的在国内市场的竞争仍旧存在一定程度的市场竞争劣势，这激励了有外部关系的民营企业进行跨国并购。另外，有外部关系的民营企业为缓解竞争性依赖形成了对政府的制度性依赖，这要求有外部关系的民营企业完成一定的关系国计民生的政治任务，并承担战略性、基础性行业布局，其中就包含按照政府的政策意图进行跨国并购。而且在此过程中政府给予有外部关系的民营企业的资金等优惠政策同样会激励其进行跨国并购。因此，在竞争性依赖和制度依赖两者的双重作用下，与国有企业相比，有外部关系的民营企业进行跨国并购的动机更强。根据上述分析做出如下假设：

H3-2：在其他条件不变的情况下，相较于国有企业，有外部关系的民营企业更有可能进行跨国并购。

具体到不同类型的跨国并购动机而言。作为新兴市场国家的典型代表，我国缺乏特定优势（Bonardi，2011），政府作为政策的制定者同时也参与市场竞争，国有企业便是政府参与市场的代表。有外部关系的民营企业虽然通过利益交换弥补了一定的市场竞争劣势，缓解了国内市场的竞争性依赖，但与国有企业天生的外部关系相比还是存在一定的差距（Bonardi 等，2006）。因此，与国有企业相比，有外部关系的民营企业在国内市场的竞争仍旧存在一定程度的市场竞争劣势，这激励了有外部关系的民营企业通过跨国并购提升自身竞争能力的动机，即促进其进行技术获取型跨国并购，因此，其比国有企业有更强的动机进行技术获取型跨国并购。另外，有外部关系的民营企业为缓解竞争性依赖形成了对政府的制度性依赖，这要求有外部关系的民营企业完成一定的关系国计民生的政治任务，并承担战略性、基础性行业布局，其中就包含按照政府的政策意图进行跨国并购（Williamson & Raman，2011），即进行自然资源型跨国并购。而且在此过程中政府给予有外部关系的民营企业资金等优惠政策同样会激励其进行跨国并购。国有企业与有外部关系的民营企业都需要完成政府交办的任务，因而两者在自然资源型跨国并购动机方面不存在显著差别。根据上述分析做出如下假设：

H3-2a：在其他条件不变的情况下，相较于国有企业，有外部关系的民营企业更有可能进行技术获取型跨国并购。

3. 有外部关系的民营企业与无外部关系的民营企业

对于有外部关系的民营企业而言，其是通过与政府的利益交换弥补市场竞争劣势，在缓解现有竞争性依赖的同时，形成了新的对政府的制度性依赖关系，对于两者相比较进行的探讨会同时涉及竞争性依赖和制度性依赖。因此，此部分对无外部关系的民营企业以及有外部关系的民营企业进行跨国并购动机差异的对比研究以竞争性依赖和制度性依赖为依据来进行。

作为典型的新兴市场，我国有外部关系的民营企业通过利益交换获取了一定程度上的政策倾斜（Bonardi，2011；Dorobantu 等，2017），这在我国缺乏特定优势的背景下，部分缓解了有外部关系的民营企业面临的市场竞争劣势，有外部关系的民营企业在国内的竞争环境会在一定程度上优于无外部关系的民营企业（罗党论和唐清泉，2009），这会激励无外部关系的民营企业去国外寻求更大的发展的空间。因此，与有外部关系的民营企业相比而言，无外部关系的民营企业会有更强的动力去进行跨国并购。但制度性依赖的存在会对有外部关系的民营企业的跨国并购动机产生促进作用，其会产生与竞争性依赖相反方向的作用。具体来说，制度性依赖是有外部关系的民营企业为缓解竞争性依赖而产生的（Keim & Baysinger，1988），指的是政府在为企业提供政策便利的同时也会要求有外部关系的民营企业完成一定的政治目标，其中就包括要求企业按照政府的意图进行跨国并购。此外，还会有一定的资源和政策性支持，这同样会为其跨国并购动机提供足够的支持。一方面制度性依赖的存在会要求有外部关系的民营企业完成一定的关系国计民生的政治任务，并承担战略性、基础性行业布局（Williamson & Raman，2011），这会推动有外部关系的民营企业进行跨国并购。另一方面政策倾斜的具体含义是为企业提供政策上的优惠待遇，例如，提供更多的资金支持等（Wang 等，2012；Xia 等，2014），这些都是无外部关系的民营企业不具备的，很大程度上可以推动有外部关系的民营企业进行跨国并购。制度约束使得有外部关系的民营企业按照政府意图进行跨国并购，与此同时政策支持会对这些跨国并购给予保障（Heidenreich 等，2015），这会极大促进有外部关系的民营企业进行跨国并购。

综上，有外部关系的民营企业虽然通过利益交换弥补了一定的市场竞争劣势，缓解了国内市场的竞争性依赖，这会减弱其进行跨国并购的动机。但制度性依赖的存在会对有外部关系的民营企业的跨国并购动机产生促进作用。制度性依赖的存在会要求有外部关系的民营企业完成一定的关系国计民生的政治任务，并承担战略性、基础性行业布局，其中就包含按照政府要求完成的跨国并购。与此同时，政府为有外部关系的民营企业提供政策上的优惠待遇，例如更加充足的资金，会在很大程度上推动有外部关系的民营企业进行跨国并购。因此，在竞争性依赖和制度依赖两者的双重作用下，与无外部关系的民营企业相比，有外部关系的民营企业进行跨国并购的动机更强。根据上述分析做出如下假设：

H3-3：在其他条件不变的情况下，相较于无外部关系的民营企业，有外部关系的民营企业更有可能进行跨国并购。

具体到不同类型的跨国并购动机而言，有外部关系的民营企业虽然通过利益交换获得了一定的政策优惠（Keim & Baysinger，1988），缓解了国内市场的竞争性依赖，这会减弱其进行技术获取型跨国并购的动机。但与此同时政府为有外部关系的民营企业提供政策上的优惠待遇，例如更充足的资金支持，这些是无外部关系的民营企业不具备的，会在很大程度上推动有外部关系的民营企业进行技术获取型跨国并购。因此，两者在技术获取型跨国并购方面并无显著差别。另外，制度性依赖的存在会要求有外部关系的民营企业完成一定的关系国计民生的政治任务，并承担战略性、基础性行业布局（Williamson & Raman，2011），即进行自然资源型跨国并购。此外，有外部关系的民营企业通过外部关系做支撑，能够充分发挥制度优势，弥补市场竞争劣势，获取更多的资源从而实施"走出去"战略，并承担战略性基础性行业布局，因而有外部关系的民营企业有更强的动机进行自然资源型跨国并购。因此，与无外部关系的民营企业相比，有外部关系的民营企业有更强的动机进行自然资源型跨国并购。根据上述分析做出如下假设：

H3-3a：在其他条件不变的情况下，无外部关系的民营企业与有外部关系的民营企业在技术获取型跨国并购动机方面无显著差别。

H3-3b：在其他条件不变的情况下，相较于无外部关系的民营企业，有外部关系的民营企业更有可能进行自然资源型跨国并购。

两种不同类型外部关系对跨国并购意愿以及跨国并购类型选择的作用机理如图 3-2 及图 3-3 所示。

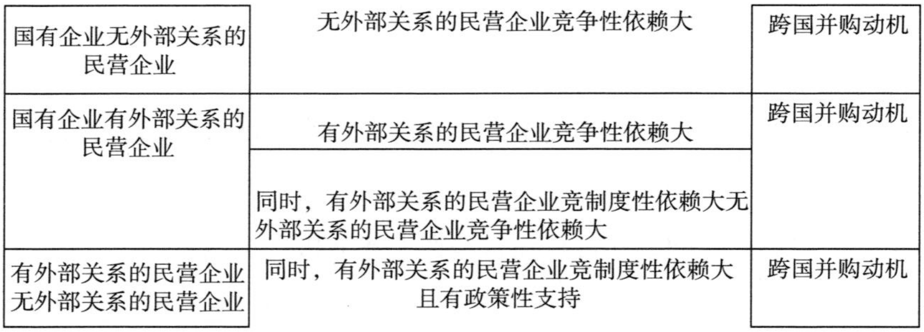

国有企业无外部关系的民营企业	无外部关系的民营企业竞争性依赖大	跨国并购动机
国有企业有外部关系的民营企业	有外部关系的民营企业竞争性依赖大	跨国并购动机
	同时，有外部关系的民营企业竞制度性依赖大无外部关系的民营企业竞争性依赖大	
有外部关系的民营企业 无外部关系的民营企业	同时，有外部关系的民营企业竞制度性依赖大且有政策性支持	跨国并购动机

图 3-2　不同类型外部关系对跨国并购意愿作用机理

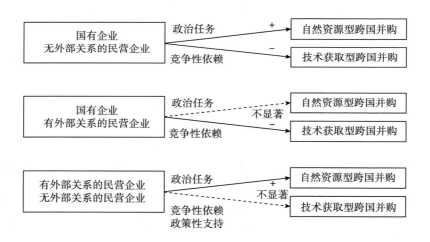

图 3-3　不同类型外部关系对跨国并购类型选择作用机理

五、"一带一路"倡议的调节作用

"一带一路"倡议为中国企业走向全球、开拓海外市场、获取战略资源和先进技术创造了有利条件（Lin 等，2019）。根据制度理论，由于跨国并购涉及两个及以上的国家，不同国家由于制度不同会导致合法性问题，而合法性的获取一方面会直接关系跨国并购能够成功（Suchman，1995），另一方面会影响并购完成后绩效的获取。不同类型的跨国并购由于特征不同，需要关注的合法性类型也不相同，对于自然资源型跨国并购而言，其是关系国家整体国计民生的敏感性领域，成功与否以及并购之后的绩效在很大程度上受到东道国政策的影响。若东道国支持则并购成功的概率以及并购完成之后的绩效都会更高，相反若东道国不支持则并购成功的概率以及并购完成之后的绩效都会更低。因此，目标企业所在国家是否为"一带一路"沿线国家和地区会直接影响自然资源型跨国并购的选择。对于我国而言，"一带一路"沿线国家和地区是与我国建立友好合作关系的国家，可以在很大程度上促进跨国并购的进行，尤其是受国家政策影响的关系国计民生的自然资源型跨国并购。因此，目标企业所在国家为"一带一路"沿线国家和地区，国有企业越容易获得合法性，越有可能进行资源型跨国并购，根据上述分析做出如下假设：

H3-4：在其他条件不变的情况下，"一带一路"倡议正向调节对自然资源型跨国并购的选择。

六、知识产权制度距离的调节作用

与自然资源型跨国并购不同，技术获取型跨国并购需要获得的更多的是与知识相关的合法性，而知识产权制度距离是用于衡量不同国家之间知识产权保护相关制度规定之间的差距程度，现阶段不同国家之间在知识产权保护方面仍旧存在比较大的差别（Papageorgiadis 等，2014），因此，本书继续从知识产权制度距离角度探讨其对技术获取型跨国并购动机的影响。当并购企业所在国家与东道国在知识产权相关制度方面的规定越相似时，并购方越容易获得合法性（North，1990），进而会促进技术获取型跨国并购动机。具体而言，一方面，两国之间知识产权制度距离越大，并购方由于对被并购企业所在国家的知识产权制度不熟悉，需承担更高并购风险（Johanson & Vahlne，1977），为了避免风险，会降低技术获取型跨国并购动机；另一方面，由于信息不对称的存在，当母国和东道国两者之间的知识产权相关制度差距越大，与之相关的交易成本就会越大（Dikova等，2010），这同样会降低技术获取型跨国并购动机。综上所述，随着知识产权制度距离越大，获取合法性的难度也越高，进行技术获取型跨国并购的动机也会越低。根据上述分析做出如下假设：

H3-5：在其他条件不变的情况下，知识产权制度距离负向调节对技术获取型跨国并购的选择。

第二节　数据来源及实证模型

一、数据来源

跨国并购是受政府政策主导的企业行为，在我国境外投资兴起之初，只允许国有企业进行海外投资，但是随着改革开放和中国加入WTO，我国对民营企业跨国并购的管制已放开，这激励了民营企业的跨国并购。因此，为探究不同类型外部关系企业对跨国并购动机的影响，本书不选取年份较早的跨国并购，为了排除2008年国际金融危机和2020年新冠疫情的影响，最终选取2009~2018年A股上市公司的数据。本章研究需要的数据主要是从全球并购交易数据库（BVD Zephyr）、国泰安经济金融研究数据库（CSMAR）以及万德数据库（WIND）三个数据库获取。具体而言，首先，与跨国并购相关的数据来自BVD（Zephyr）全球并购交易数据库，包括跨国并购双方的名称、并购状态以及并购标的金额等相关信息。其次，外部关系相关数据以及与企业经营状况、公司治理相关的数据来自国泰安数据库和万德数据库。此外，与知识产权制度距离相关的数据来源于产权联盟发布的各国知识产权指数。针对具体的数据处理，本书参考陈岩等（2019）研究中的方法做出如下处理：一是删除跨国并购相关数据存在缺失的样本；二是删除 2009~2018 年退市以及处于 ST 状态的企业样本；三是删除金融类上市企业样本；四是删除总资产小于固定资产以及资不抵债的企业样本；五是删除包括开曼群岛、英属维京群岛等具有争议的并购样本。

本书探究的是外部关系对跨国并购动机的影响，因此保留样本期间至少进行过 1 次跨国并购的数据。最终得到的样本中包括 302 家 A 股上市企业的 2595 条观测值，具体而言，90 家企业是国有企业（881 条观测值），71 家企业是有外部关系的民营企业（600 条观测值），剩下的是 141 家无外部关系的民营企业（1114 条观测值），由于外部关系相对稳定，三类企业无重合。

二、变量测量

1. 被解释变量

跨国并购动机。衡量在某一观测年度是否进行跨国并购（Liang 等，2015），用虚拟变量 0-1 表示，0 表示的是在某观测的年度未进行跨国并购，1 表示的是在观测年度进行了跨国并购。

技术获取型跨国并购。若企业在并购公告中明确提出以获取某项技术为目的（高厚宾和吴先明，2018），则为技术获取型跨国并购。衡量在某一观测年度是否进行技术获取型跨国并购（Liang 等，2015），用虚拟变量 0-1 表示，0 表示的是在某观测年度未进行技术获取型跨国并购，1 表示的是在观测年度进行技术获取型跨国并购。

自然资源型跨国并购。若企业在并购公告中明确提出以获取某自然资源为目的（高厚宾和吴先明，2018），则为自然资源型跨国并购。衡量在某一观测年度是否进行自然资源型跨国并购（Liang 等，2015），用虚拟变量 0-1 表示，0 表示的是在观测年度未进行自然资源型跨国并购，1 表示的是在观测年度进行自然资源型跨国并购。

2. 解释变量

外部关系。本书将外部关系分为依靠股权关系获取的外部关系以及依靠社交网络获取的外部关系。依靠股权关系获取的外部关系为国有企业，最终控制方是政府，用虚拟变量 0-1 表示。依靠社交网络获取的外部关系为有外部关系的民营企业，用虚拟变量 0-1 表示。对社交网络获取的外部关系的衡量方法，以高管是否与公共部门存在联系为标准（Sun 等，2016）。关于高管范围的界定，由于跨国并购需要最高层管理者决策，因此高管指的是最高级别的董事长或 CEO。具体的衡量方法为，董事长或 CEO 曾经在国家或者省级公共行政机构工作，包括国务院及下属各部委、司局、委员会等（Liang 等，2015）；曾经或目前正在国家或省部级立法部门或相似机构工作，如全国人大代表或全国政协委员。

3. 调节变量

知识产权制度距离。在国家知识产权制度的相关研究中，Park（2008）开发的测量方法得到了广泛应用，数据来源于 GP 指数。知识产权制度距离采用差值距离法计算，即两个国家的知识产权制度指数相减后绝对值。

"一带一路"倡议。选用目标国是否为"一带一路"沿线国家作为"一带一路"倡议的衡量，"一带一路"国家和地区对我国企业态度更友好。

4. 控制变量

为了更好地研究外部关系对跨国并购动机的影响，需在模型中控制其他能够对跨国并购动机产生影响的因素，企业层面因素直接影响企业行为动机，因此控制变量主要来自企业层面，此外，还包含行业层面变量。企业层面，本章控制了财务杠杆、经营杠杆、股权结构以及企业规模等变量。其中，由于债权人具有低风险偏好，其会限制具有高风险特征的跨国并购行为。本书选择财务杠杆和经营杠杆进行衡量，前者表示总资产中负债占比情况，后者表示总资产中固定资产净值占比情况（Saunders 等，1990）。此外，企业一些其他基本情况，例如资产规模、成立年限、收入情况等是企业进行跨国并购的基础，一般情况下企业资产规模越大、成立年限越长、收入越高则会拥有更强的能力处理跨国并购这一复杂活动中遇到的各种问题（Dowell 等，2009）。行业层面，由于不同行业具有不同的属性，处在不同行业中的企业进行跨国并购的动机也会存在一定的差别。具体的变量及解释如表 3-1 所示。

表 3-1　变量定义及测量

简称	变量名称	变量测量
被解释变量		
MAmotive	跨国并购动机	衡量企业在某一观测年度是否进行跨国并购，进行赋值为1，不进行赋值为0
Tech	技术获取型跨国并购	衡量企业在某一观测年度内是否进行技术获取型跨国并购，进行技术获取型跨国并购赋值为1，否则赋值为0
Nature	自然资源型跨国并购	衡量企业在某一观测年度内是否进行自然资源型跨国并购，进行自然资源型跨国并购赋值为1，否则赋值为0
解释变量		
AsRight	依靠股权关系获取的外部关系	衡量是否为依靠股权关系获取的外部关系，即是否为国有企业，是则赋值为1，否则赋值为0
AcExchange	依靠社会关系获取的外部关系	衡量是否为依靠社会关系获取的外部关系，即是否为有外部关系的民营企业，是则赋值为1，否则赋值为0
调节变量		
IPdistance	知识产权制度距离	用两个国家的知识产权制度指数（GP指数）相减后绝对值进行衡量，大于中位数为大，小于等于中位数为小
HostStrategy	"一带一路"倡议	衡量东道国是否为"一带一路"国家，是则赋值为1，否则赋值为0
控制变量		
Age	企业年龄	企业创立年限，观测年度减成立年度
OLev	经营杠杆	固定资产净值占总资产的比例
FLev	财务杠杆	负债占总资产的比例
ROE	净资产收益率	净利润占净资产的比率
Topten	前十大股东持股所占比例	公司持股最多的十大股东所持股份所占比例
Number	员工规模	企业人数的自然对数
Income	主营业务收入	企业主营业务收入的自然对数
Industry	行业变量	按照证监会分类规则进行划分，制造业划分到次类，其余划分到门类
Year	年份变量	观测年度

资料来源：笔者整理。

三、模型设定

为探究不同类型外部关系对跨国并购动机的影响，本章研究通过将总样本分为三类子样本，依次对所提出的假设进行验证，分别为国有企业与无外部关系的民营企业、国有企业与有外部关系的民营企业，以及有外部关系的民营企业与无外部关系的民营企业。在具体的检验过程中，为避免因为逆向因果而导致的内生性问题，本书采用一般性做法，即对被解释变量进行滞后一期的处理（Jean 等，2016）。模型选择方面，因为被解释变量跨国并购动机（MAmotive）、技术获取型跨国并购（Tech）以及自然资源型跨国并购（Nature）都是虚拟变量，因此选择 Probit 模型进行倾向性检验，具体的模型设定如下，检验过程中需要关注系数 α_1 是否显著。

$$MAmotive_{i,1+t}/Nature_{i,1+t}/Tech_{i,1+t} = \alpha_0 + \alpha_1 AsRight_{i,t} + \alpha_2 Size_{i,t} + \alpha_3 Age_{i,t} + \alpha_4 OLev_{i,t} +$$

$$\alpha_5 Flev_{i,t} + \alpha_6 ROE_{i,t} + \alpha_7 Topten_{i,t} + \alpha_8 Number_{i,t} + \alpha_9 Income_{i,t} + \alpha_{10} Industry_{i,t} + \alpha_{11} Year_{i,t} + \varepsilon_{i,t}$$

$$(3-1)$$

$$MAmotive_{i,1+t}/Nature_{i,1+t}/Tech_{i,1+t} = \alpha_0 + \alpha_1 AcExchange_{i,t} + \alpha_2 Size_{i,t} + \alpha_3 Age_{i,t} + \alpha_4 OLev_{i,t} +$$

$$\alpha_5 Flev_{i,t} + \alpha_6 ROE_{i,t} + \alpha_7 Topten_{i,t} + \alpha_8 Number_{i,t} + \alpha_9 Income_{i,t} + \alpha_{10} Industry_{i,t} + \alpha_{11} Year_{i,t} + \varepsilon_{i,t}$$

$$(3-2)$$

第三节 实证结果分析

一、描述性统计

进行描述性检验，主要是为了检验解释变量以及控制变量之间是否存在多重共线性，具体的描述性统计及皮尔逊相关系数结果如表 3-2 所示。用变量之间的皮尔逊相关系数衡量是否存在多重共线性问题，当系数小于 0.75 时通过检验（Sun 等，2016）。根据表 3-2 的结果可以看到，相关系数多数小于 0.75，且大部分小于 0.1，表明变量之间不存在显著的多重共线性。此外，跨国并购动机的均值为 0.162，其中技术获取型跨国并购均值为 0.105，自然资源型跨国并购均值为

表 3-2　描述性统计及皮尔逊相关系数结果

变量名称	1	2	3	4	5	6	7	8	9	10	11	12	13
1MAmotive	1.000												
2Tech	0.874***	1.000											
3Nature	0.394***	0.759***	1.000										
4AsRight	-0.068***	-0.068***	0.006	1.000									
5AcExchange	0.021	0.021	0.005	-0.383***	1.000								
6Size	0.071***	0.071***	0.156***	0.516***	-0.187***	1.000							
7Age	0.073***	0.073***	0.120***	0.229***	-0.146***	0.386***	1.000						
8Lev	-0.014	-0.014	-0.010	0.020	0.024	0.001	0.032	1.000					
9Flev	-0.028	-0.028	-0.004	0.097***	-0.020	0.053*	0.038	0.061**	1.000				
10ROE	0.006	0.006	0.007	0.024	0.006	0.029	-0.001	-0.241***	-0.123***	1.000			
11Topten	0.023	0.023	0.047**	0.078***	-0.079***	0.179***	-0.128***	-0.050***	-0.072***	0.087***	1.000		
12Number	0.045	0.045	0.105***	0.397***	-0.077***	0.595	0.213***	0.014	0.042**	0.051***	0.113***	1.000	
13Income	0.054**	0.054**	0.121***	0.481***	-0.151***	0.690	0.291***	-0.011***	0.044**	0.045**	0.130***	0.665***	1.000
平均值	0.162	0.105	0.054	0.333	0.227	22.804	15.364	1.601	1.363	0.063	0.617	8.202	22.050
标准误	0.369	0.308	0.226	0.471	0.418	1.978	6.044	1.913	2.602	0.465	0.154	1.542	1.806

资料来源：笔者整理。

注：*，**和***分别表示在 10%、5% 和 1% 的水平上显著。

0.054，均值都很低，说明企业进行跨国并购的决策非常谨慎，并且技术获取型跨国并购已经成为主流动机。进行跨国并购企业的平均年龄和平均资产规模均较大，这也在一定程度上说明了用外部关系进行衡量的合理性。

二、不同类型外部关系对跨国并购动机效应检验

1. 国有企业与无外部关系的民营企业

本书首先利用 Probit 模型检验倾向性问题，表3-3 是以国有企业与无外部关系的民营企业为样本进行检验的结果。其中，模型 1 探讨的是依靠股权关系获取的外部关系对跨国并购动机的影响，模型 2 探讨的是对技术获取型跨国并购动机的影响，模型 3 探讨的是对自然资源型跨国并购动机的影响。从模型 1 的结果可以看到，依靠股权关系获取的外部关系对跨国并购动机起到显著的负向作用，其系数为-0.262，且在1%的水平下显著。这表明依靠股权关系获取外部关系的企业，即国有企业进行跨国并购的动机比无外部关系的民营企业显著更低，假设3-1 得到验证。从模型 2 的结果可以看到，依靠股权关系获取的外部关系对技术获取型跨国并购起到显著的负向作用，其系数为-0.838，且在1%的水平下显著。这表明依靠股权关系获取外部关系的企业，即国有企业进行技术获取型跨国并购的动机比无外部关系的民营企业显著更低，假设3-1a 得到验证。从模型 3 的结果可以看到，依靠股权关系获取的外部关系对能源型跨国并购起到显著的正向作用，其系数为 1.052，且在1%的水平下显著。这表明依靠股权关系获取外部关系的企业，即国有企业进行能源型跨国并购的动机比无外部关系的民营企业显著更高，假设3-1b 得到验证。

表3-3 不同类型外部关系与跨国并购动机（分样本 H3-1）

样本类型	国有企业与无外部关系民营企业		
模型	1	2	3
因变量	MAmotive	Tech	Nature
AsRight	−0.262 *** （0.093）	−0.838 *** （0.119）	1.052 *** （0.179）

样本类型	国有企业与无外部关系民营企业		
模型	1	2	3
因变量	MAmotive	Tech	Nature
Size	0.068*	0.030	0.068
	(0.490)	(0.063)	(0.063)
Age	0.115*	0.014*	0.004
	(0.071)	(0.008)	(0.011)
OLev	−0.457	−0.143	0.021
	(0.062)	(0.101)	(0.054)
FLev	0.002	0.008	−0.009
	(0.019)	(0.024)	(0.025)
ROE	−1.111*	−0.808	−1.959*
	(0.660)	(0.764)	(1.088)
Toppten	0.321	0.001	0.007*
	(0.271)	(0.003)	(0.004)
Number	0.016	−0.015	0.038
	(0.049)	(0.058)	(0.072)
Income	−0.009	0.034	−0.044
	(0.058)	(0.072)	(0.077)
Constant	−2.695	−2.367***	−3.700***
	(0.058)	(0.900)	(0.991)
Industry	Yes	Yes	Yes
Year	Yes	Yes	Yes
N	1995	1995	1995
Chi2	20.03**	68.97***	92.05***

注：括号内为标准误，*、** 和 *** 分别表示在10%、5%和1%的水平上显著。

2. 国有企业与有外部关系的民营企业

表3-4是以国有企业与有外部关系的民营企业为样本进行 Probit 检验的结果。其中，模型1探讨的是依靠股权关系获取的外部关系以及依靠社会关系获取的外部关系对跨国并购动机的影响，模型2探讨的是对技术获取型跨国并购动机的影响，模型3探讨的是对能源型跨国并购动机的影响。从模型1的结果可以看

到，依靠股权关系获取的外部关系对跨国并购动机起到显著的负向作用，其系数为-0.377，且在1%的水平下显著。这表明依靠股权关系获取外部关系的企业，即国有企业进行跨国并购的动机比依靠社会关系获取外部关系的民营企业显著更低，假设3-2得到验证。从模型2的结果可以看到，依靠股权关系获取的外部关系对技术获取型跨国并购动机起到显著的负向作用，其系数为-0.691，且在1%的水平下显著。这表明依靠股权关系获取外部关系的企业，即国有企业进行技术获取型跨国并购的动机比有外部关系的民营企业显著更低，假设3-2a得到验证。从模型3的结果可以看到，与有外部关系的民营企业相比，依靠股权关系获取的外部关系对能源型跨国并购动机并未起到显著的正向作用，其系数为0.092，但并不显著。这表明国有企业进行能源型跨国并购的动机并不显著比有外部关系的民营企业高。

表3-4　不同类型外部关系与跨国并购动机（分样本 H3-2）

样本类型	国有企业与有外部关系的民营企业		
模型	1	2	3
因变量	MAmotive	Tech	Nature
AsRight	-0.377***	-0.691***	0.092
	(0.105)	(0.135)	(0.130)
Size	0.057	-0.011	0.082*
	(0.053)	(0.077)	(0.060)
Age	0.016**	0.022**	0.004
	(0.008)	(0.010)	(0.010)
OLev	0.007	-0.004	0.006
	(0.042)	(0.051)	(0.054)
FLev	-0.012	-0.035	-0.005
	(0.023)	(0.053)	(0.024)
ROE	-0.823	0.180	-1.690**
	(0.711)	(0.870)	(0.912)
Toppten	0.273	-0.001	0.005*
	(0.303)	(0.004)	(0.004)
Number	-0.011	-0.029	-0.013
	(0.054)	(0.069)	(0.065)

续表

样本类型	国有企业与有外部关系的民营企业		
模型	1	2	3
因变量	MAmotive	Tech	Nature
Income	0.027 （0.063）	0.063 （0.089）	−0.001 （0.071）
Constant	−3.012*** （0.757）	−2.334** （1.014）	−3.514*** （0.885）
Industry	Yes	Yes	Yes
Year	Yes	Yes	Yes
N	1481	1481	1481
Chi2	20.80***	35.61***	18.92**

注：括号内为标准误，*、**和***分别表示在10%、5%和1%的水平上显著。

3. 有外部关系的民营企业与无外部关系的民营企业

表3-5是以无外部关系的民营企业以及有外部关系的民营企业为样本进行
Probit检验的结果。其中，模型1探讨的是与无外部关系的民营企业相比较而言，
依靠社会关系获取的外部关系会对跨国并购动机产生的影响，模型2探讨的是对
技术获取型跨国并购动机的影响，模型3探讨的是对自然资源型跨国并购动机
的影响。从模型1的结果可以看到，与无外部关系的民营企业相比，依靠社会
关系获取的外部关系对跨国并购动机起到显著的正向作用，其系数为0.141，
且在10%的水平下显著。这表明依靠社会关系获取外部关系的企业，也就是有
外部关系的民营企业进行跨国并购的动机会比无外部关系的民营企业显著更高，
假设3-3得到验证。从模型2的结果可以看到，依靠社会关系获取的外部关系对
技术获取型跨国并购并未起到显著的负向作用，虽然其系数为−0.110，但是并不
显著。这表明依靠社会关系获取外部关系的企业，也就是有外部关系的民营企业
进行技术获取型跨国并购的动机并不比无外部关系的民营企业显著更低，假设
3-3a得到验证。从模型3的结果可以看到，依靠社会关系获取的外部关系对自
然资源型跨国并购起到显著的正向作用，其系数为1.092，且在1%的水平下显
著。这表明依靠社会关系获取外部关系的企业，也就是有外部关系的民营企业进

行自然资源型跨国并购的动机会比无外部关系的民营显著更高，假设 3-3b 得到验证。

表 3-5　不同类型外部关系与跨国并购动机（分样本 H3-3）

样本类型	有外部关系的民营企业与无外部关系的民营企业		
模型	1	2	3
因变量	MAmotive	Tech	Nature
AcExchange	0.141*	-0.110	1.092***
	(0.083)	(0.090)	(0.189)
Size	0.334***	0.371***	0.070
	(0.083)	(0.088)	(0.164)
Age	0.021***	0.014*	0.034**
	(0.008)	(0.008)	(0.015)
OLev	-0.079	-0.052	-0.222
	(0.073)	(0.067)	(0.213)
FLev	-0.020	-0.011	-0.067
	(0.039)	(0.040)	(0.138)
ROE	-0.284	0.386	-2.801*
	(0.664)	(0.676)	(1.527)
Toppten	0547**	0.003	0.012*
	(0.003)	(0.003)	(0.006)
Number	-0.041	0.002	-0.249**
	(0.058)	(0.060)	(0.112)
Income	-0.135*	-0.191**	0.151
	(0.084)	(0.088)	(0.162)
Constant	-5.753***	-5.590***	-6.008***
	(0.986)	(1.031)	(1.947)
Industry	Yes	Yes	Yes
Year	Yes	Yes	Yes
N	1714	1714	1714
Chi2	48.98***	45.29***	52.31***

注：括号内为标准误，*、**和***分别表示在10%、5%和1%的水平上显著。

　　综上所述，通过上述分样本对不同外部关系类型企业之间两两比较的研究，假设全部得到验证。此外，不同样本之间 Size、Topten 以及 ROE 等控制变量的系数及显著程度不相同，也从侧面验证了不同样本分别进行检验是有意义且可行的。总体而言：①与无外部关系的民营企业相比，国有企业整体上进行跨国并购的动机更低。进行技术获取型跨国并购的动机更弱，进行自然资源型跨国并购的动机更强。②与有外部关系的民营企业相比，国有企业进行跨国并购的动机更低，进行技术获取型跨国并购的动机更弱，进行自然资源型跨国并购的动机并无显著差异。③与无外部关系的民营企业相比，有外部关系的民营企业进行跨国并购更强，进行技术获取型跨国并购的动机无显著差异，进行自然资源型跨国并购的动机更强。

三、"一带一路"倡议调节效应检验

　　国有企业在进行资源型跨国并购时会因身份问题的误解而难以获得合法性，此时，目标企业所在国家是否为"一带一路"沿线国家和地区成为影响国有企业资源型跨国并购的重要因素，"一带一路"倡议成为影响国有企业进行跨国并购选择的重要因素。是否为"一带一路"沿线国家和地区为并非连续变量，因此本书采用分组比较的方法进行探究，将样本分为"一带一路"沿线国家和地区和非"一带一路"沿线国家和地区对国有企业资源型跨国并购动机进行验证，检验的具体结果如表3-6所示。模型1探讨的是在目标企业所在国家为"一带一路"沿线国家和地区样本中，国有企业进行资源型跨国并购的动机，模型2探讨的是在目标企业所在国家为非"一带一路"国家样本中，国有企业进行资源型跨国并购的动机，通过对两组样本中国有企业进行资源型跨国并购动机系数的比较，可以分析是否为"一带一路"沿线国家和地区的作用。从模型1的结果可以看到，国有企业的系数为0.478，且在1%的水平下显著，而模型2的结果显示，国有企业的系数为0.372，在5%的水平下显著。通过对两者进行比较发现，模型1的系数大于模型2的系数，且显著性更高，两组样本存在明显差异。这表明在其他条件不变的情况下，如果目标企业所在国家为"一带一路"沿线国家和

地区，国有企业越容易获得合法性，越有可能进行资源型跨国并购，假设 3-4 得到验证。

表 3-6 "一带一路"沿线国家和地区的调节作用

样本	"一带一路"沿线国家和地区	非"一带一路"沿线国家和地区
因变量	Nature	Nature
AsRight	0.478***	0.372**
	(0.136)	(0.170)
Size	0.079	0.023
	(0.064)	(0.087)
Age	0.009	−0.001
	(0.010)	(0.013)
OLev	0.008	−0.078
	(0.046)	(0.154)
FLev	−0.018	0.006
	(0.032)	(0.029)
ROE	−2.816***	−0.574
	(1.085)	(1.200)
Toppten	0.436	0.580
	(0.404)	(0.494)
Number	−0.047	0.086
	(0.069)	(0.094)
Income	0.031	−0.039
	(0.076)	(0.103)
Constant	−4.359***	−2.874**
	(0.972)	(1.282)
Industry	Yes	Yes
Year	Yes	Yes
N	1312	1247
Chi2	50.02***	15.54***

注：括号内为标准误，*、**和***分别表示在10%、5%和1%的水平上显著。

四、知识产权制度距离调节效应检验

通过对主效应的检验得到如下结论，与国有企业相比，无论是有外部关系的民营企业还是有外部关系的民营企业都因追求更加公平的营商环境和对自身竞争能力的追求而有更强的进行技术获取型跨国并购的动机，而有外部关系的民营企业和无外部关系的民营企业之间并无显著差别。因此，本部分在对技术获取型跨国并购影响因素探究时选取民营企业作为样本，探究知识产权制度距离对技术获取型跨国并购动机的影响。因知识产权制度距离并非连续变量，因此本书采用分组比较的方法进行探究，将知识产权制度距离小于等于中位数的样本分组为知识产权制度距离小的样本，相应地将知识产权制度距离大于中位数的样本分组为知识产权制度距离大的样本，检验的具体结果如表 3-7 所示。模型 1 探讨的是在并购双方知识产权制度距离较小的样本中，民营企业进行技术获取型跨国并购的动机，模型 2 探讨的是在并购双方知识产权制度距离较大的样本中，民营企业进行技术获取型跨国并购的动机，通过对两组样本中民营企业进行技术获取型跨国并购动机系数的比较，可以分析知识产权制度距离的作用。从模型 1 的结果可以看到，民营企业的系数为 0.816，且在 1% 的水平下显著，而模型 2 的结果显示，民营企业的系数为 0.682，在 5% 的水平下显著。通过对两者进行比较发现，模型 1 的系数大于模型 2 的系数，且显著性更高，两组样本存在明显差异。这表明在其他条件不变的情况下，知识产权制度距离对技术获取型跨国并购动机起到负向调节作用，知识产权制度距离越小，越容易获得合法性，也越有可能进行技术获取型跨国并购，假设 3-5 得到验证。

表 3-7　知识产权制度距离的调节作用

样本	知识产权制度距离小	知识产权制度距离大
模型	1	2
因变量	Tech	Tech
Minying	0.816 *** (0.126)	0.682 ** (0.162)
Size	0.111 * (0.061)	0.023 (0.083)
Age	0.019 ** (0.008)	0.005 (0.010)

样本	知识产权制度距离小	知识产权制度距离大
模型	1	2
因变量	Tech	Tech
OLev	−0.024 (0.048)	−0.294* (0.179)
FLev	−0.002 (0.027)	−0.021 (0.065)
ROE	−0.291 (0.674)	−0.442 (0.913)
Toppten	0.074 (0.291)	0.137 (0.370)
Number	0.012 (0.057)	−0.050 (0.070)
Income	−0.039 (0.068)	0.099 (0.090)
Constant	−4.110*** (0.919)	−4.297*** (1.196)
Industry	Yes	Yes
Year	Yes	Yes
N	1356	1239
Chi2	57.22**	29.29**

注：括号内为标准误，$*$、$**$和$***$分别表示在10%、5%和1%的水平上显著。

五、稳健性检验

1. 全样本检验

表3-8是将所有类型的企业全部放入模型进行 Probit 检验的结果。通过将无外部关系的民营企业作为参照，构建两个虚拟变量，分别为依靠股权关系获取的外部关系（国有企业赋值为1）和依靠社会关系获取的外部关系（有外部关系的民营企业赋值为1），一起放入模型进行检验。模型1探讨的是不同类型的外部关系对跨国并购动机的影响，模型2探讨的是不同类型的外部关系对技术获取型

跨国并购动机的影响，模型 3 探讨的是不同类型的外部关系对能源型跨国并购动机的影响。从模型 1 的结果可以看到，依靠股权关系获取外部关系（AsRight）系数为-0.306，且在 1%的水平下显著，这表明依靠股权关系获取外部关系的企业，即国有企业进行跨国并购的动机较弱。而依靠社会关系获取的外部关系（AcExchange）的系数是 0.105，并且在 10%的水平下显著，这表明依靠社会关系获取外部关系的企业，也就是有外部关系的民营企业进行跨国并购的动机较强。从模型 2 的结果可以看到，依靠股权关系获取的外部关系（AsRight）系数为-0.896，且在 1%的水平下显著，这表明依靠股权关系获取外部关系的企业，即国有企业进行技术获取型跨国并购的动机更弱。而依靠社会关系获取的外部关系（AcExchange）系数为-0.118，不显著，这表明与无外部关系的民营企业相比，有外部关系的民营企业技术获取型跨国并购动机没有显著更强。从模型 3 的结果可以看到，依靠股权关系获取的外部关系（AsRight）系数为 1.038，且在 1%的水平下显著，这表明依靠股权关系获取外部关系的企业，即国有企业进行自然资源型跨国并购的动机更强。而依靠社会关系获取的外部关系（AcExchange）系数为 0.938，且在 1%的水平下显著，与无外部关系的民营企业相比较而言，有外部关系的民营企业自然资源型跨国并购动机显著性更强。外部关系与跨国并购动机相关假设再次得到验证，具有稳健性。

表 3-8　不同类型外部关系与跨国并购动机（全样本）

模型	1	2	3
因变量	MAmotive	Tech	Nature
AsRight	-0.306***	-0.896***	1.038***
	(0.091)	(0.116)	(0.174)
AcExchange	0.105*	-0.118	0.938***
	(0.082)	(0.088)	(0.173)
Size	0.094**	0.085	0.069
	(0.045)	(0.056)	(0.058)
Age	0.016***	0.016**	0.009
	(0.006)	(0.007)	(0.009)

模型	1	2	3
因变量	MAmotive	Tech	Nature
OLev	−0.030 (0.041)	−0.047 (0.058)	−0.010 (0.055)
FLev	−0.004 (0.019)	−0.004 (0.026)	−0.008 (0.024)
ROE	−0.773 (0.540)	−0.107 (0.609)	−1.942** (0.882)
Toppten	0.773* (0.540)	0.000 (0.003)	0.007** (0.004)
Number	−0.009 (0.043)	−0.017 (0.050)	−0.027 (0.061)
Income	0.001 (0.052)	0.005 (0.064)	0.007 (0.069)
Constant	−3.381*** (0.638)	−3.118*** (0.773)	−4.337*** (0.870)
Industry	Yes	Yes	Yes
Year	Yes	Yes	Yes
N	2595	2595	2595
Chi2	37.06***	79.21***	97.08***

注：括号内为标准误，*、**和***分别表示在10%、5%和1%的水平上显著。

2. Logit 模型检验

本书在主效应的检验中采用的是 Probit 模型，Logit 模型同样适用于因变量为虚拟变量的检验。因此，为检验上述检验结果的稳定性，本书在稳健性检验的部分选用 Logit 模型对上述假设重新进行验证，仍旧分份样本和全样本两种样本类型进行验证，其检验的结果如表3-9所示。

模型1探讨的是与无外部关系的民营企业相比较，依靠股权关系获取的外部关系对跨国并购动机的影响，结果显示依靠股权关系获取的外部关系对跨国并购动机起到显著的负向作用，系数为−0.491，且在1%的水平下显著，假设3-1得

表3-9　不同类型外部关系与跨国并购动机稳健性检验（分样本 Logit）

样本	国有企业与无外部关系的民营企业			国有企业与有外部关系民营企业			无外部关系民营企业与有外部关系民营营		
模型	1	2	3	4	5	6	7	8	9
因变量	MAmotive	Tech	Nature	MAmotive	Tech	Nature	MAmotive	Tech	Nature
AsRight	-0.491*** (0.176)	-1.753*** (0.260)	2.516*** (0.460)	-0.706*** (0.196)	-1.486*** (0.292)	0.202 (0.272)			
AcExchange							0.267* (0.152)	-0.196 (0.170)	2.549*** (0.467)
Size	0.117 (0.008)	0.097 (0.124)	0.140 (0.125)	0.094 (0.096)	0.001 (0.157)	0.156* (0.116)	0.680*** (0.163)	0.680*** (0.163)	0.183 (0.375)
Age	0.021* (0.013)	0.025* (0.016)	0.004 (0.023)	0.029** (0.015)	0.046** (0.021)	0.007 (0.020)	0.036*** (0.014)	0.023* (0.015)	0.070** (0.034)
OLev	-0.088 (0.119)	-0.273 (0.202)	0.056 (0.106)	0.007 (0.070)	-0.009 (0.091)	0.007 (0.104)	-0.148 (0.140)	-0.108 (0.138)	-0.522 (0.492)
FLev	0.003 (0.034)	0.020 (0.048)	-0.016 (0.049)	-0.024 (0.046)	-0.092 (0.132)	-0.013 (0.047)	-0.034 (0.077)	-0.014 (0.078)	-0.131 (0.294)
ROE	-2.077* (1.247)	-1.371 (1.475)	-3.994* (2.352)	-1.520 (1.327)	0.459 (1.717)	-3.737 (1.984)	-0.421 (1.203)	0.779 (1.242)	-6.506* (3.708)
Toppten	0.613 (0.503)	0.002 (0.006)	0.012 (0.009)	0.519 (0553)	-0.002 (0.008)	0.011* (0.008)	0.967* (0.537)	0.006 (0.006)	0.025* (0.014)

续表

样本	国有企业与无外部关系的民营企业			国有企业与有外部关系民营企业			无外部关系民营与有外部关系民营		
模型	1	2	3	4	5	6	7	8	9
因变量	MAmotive	Tech	Nature	MAmotive	Tech	Nature	MAmotive	Tech	Nature
Number	0.030 (0.092)	-0.024 (0.116)	0.089 (0.145)	-0.023 (0.102)	-0.055 (0.148)	-0.014 (0.128)	-0.067 (0.103)	0.011 (0.111)	-0.527** (0.246)
Income	-0.013 (0.104)	0.039 (0.140)	-0.088 (0.147)	0.056 (0.113)	0.119 (0.180)	-0.006 (0.140)	-0.253* (0.151)	-0.363** (0.163)	0.300 (0.365)
Constant	-4.684*** (1.332)	-4.621*** (1.798)	-7.526*** (1.976)	-45.279*** (1.385)	-4.657** (2.099)	-6.467*** (1.748)	-9.978*** (1.762)	-9.821*** (1.879)	-12.796*** (4.223)
Industry	Yes	Yes	Yes	Yes	Yes	Yes	Yes	Yes	Yes
Year	Yes	Yes	Yes	Yes	Yes	Yes	Yes	Yes	Yes
N	1995	1995	1995	1481	1481	1481	1714	1714	1714
Chi2	19.57***	69.76***	91.88***	20.71***	36.62***	18.91**	47.40***	43.68***	51.30***

注：括号内为标准误，*、**和***分别表示在10%、5%和1%的水平上显著。

到验证。模型 4 探讨的是依靠股权关系获取的外部关系以及依靠社会关系获取的外部关系两者会对跨国并购动机产生影响，结果显示依靠股权关系获取的外部关系对跨国并购动机起到显著的负向作用，系数为-0.706，且在 1%的水平下显著，假设 3-2 得到验证。模型 7 探讨的是依靠社会关系获取的外部关系会对跨国并购动机产生的影响，结果显示依靠利益社会关系的外部关系对跨国并购动机起到显著的正向作用，其系数为 0.267，且在 10%的水平下显著，假设 3-3 得到验证。具体到不同类型的跨国并购动机，模型 2 探讨的是与无外部关系的民营企业相比较，依靠股权关系获取的外部关系会对技术获取型跨国并购动机产生影响，模型 3 探讨的是两者对自然资源型跨国并购动机的影响。模型 2 结果显示，依靠股权关系获取的外部关系对技术获取型跨国并购起到显著的负向作用，其系数为-1.753，且在 1%的水平下显著，模型 3 结果显示，依靠股权关系获取的外部关系会对自然资源型跨国并购起到显著的正向作用，其系数为 2.516，且在 1%的水平下显著，假设 3-1a 和假设 3-1b 再次得到验证。模型 5 探讨的是依靠股权关系获取的外部关系以及依靠社会关系获取的外部关系对技术获取型跨国并购动机产生的影响，模型 6 探讨的是两者对自然资源型跨国并购动机产生的影响。模型 5 的结果显示，依靠股权关系获取的外部关系对技术获取型跨国并购动机起到显著的负向作用，其系数为-1.486，且在 1%的水平下显著，模型 6 的结果显示，与有外部关系的民营企业相比，依靠股权关系获取的外部关系对自然资源型跨国并购动机并未起到显著的正向作用，其系数为 0.202，但并不显著，假设 3-2a 和假设 3-2b 再次得到验证。模型 8 探讨的是与无外部关系的民营企业相比较，依靠社会关系获取的外部关系（有外部关系的民营企业）对技术获取型跨国并购动机产生的影响，模型 9 探讨的是两者对自然源型跨国并购动机产生的影响。模型 8 的结果显示，依靠社会关系获取的外部关系对技术获取型跨国并购未起到显著的负向作用，其系数为-0.196，但并不显著，模型 9 的结果显示，依靠社会关系获取的外部关系对自然资源型跨国并购起到显著的正向作用，其系数为 2.549，且在 1%的水平下显著，假设 3-3a 和 3-3b 再次得到验证。结果具有稳健性。

　　表 3-10 是将所有类型的企业全部放入模型进行 Logit 检验的结果。通过将无

外部关系的民营企业作为参照，构建两个虚拟变量，分别为依靠股权关系获取的外部关系（国有企业赋值为1）和依靠社会关系获取的外部关系（有外部关系的民营企业赋值为1），一起放入模型进行检验。模型1探讨的是不同类型的外部关系对跨国并购动机的影响，模型2探讨的是对技术获取型跨国并购动机的影响，模型3探讨的是对自然资源型跨国并购动机的影响。模型1的结果显示，依靠股权关系获取的外部关系（AsRight）系数为-0.574，且在1%的水平下显著，这表明依靠股权关系获取外部关系的企业，即有国有企业进行跨国并购的动机较弱。而依靠社会关系获取的外部关系（AcExchange）系数是0.197，并且在10%的水平下显著，这表明依靠社会关系获取外部关系的企业，也就是说有外部关系的民营企业进行跨国并购的动机会较强。模型2的结果显示，依靠股权关系获取的外部关系（AsRight）系数为-1.876，并且在1%的水平下显著，这表明依靠股权关系获取外部关系的企业，即有国有企业进行技术获取型跨国并购的动机会更弱。而依靠社会关系获取的外部关系（AcExchange）系数为-0.215，但并不显著，这表明与无外部关系的民营企业相比较而言，有外部关系的民营企业进行技术获取型跨国并购的动机没有显著更强。模型3的结果显示，依靠股权关系获取的外部关系（AsRight）系数为2.484，且在1%的水平下显著，这表明依靠股权关系获取外部关系的企业，即国有企业进行自然资源型跨国并购的动机更强。而依靠社会关系获取的外部关系（AcExchange）系数为2.228，并且在1%的水平下显著，与无外部关系的民营企业相比而言，有外部关系的民营企业自然资源型跨国并购动机显著更强。主效应相关假设再次得到验证，具有稳健性。

表3-10　不同类型外部关系与跨国并购动机稳健性检验（全样本 Logit）

模型	1	2	3
因变量	MAmotive	Tech	Nature
AsRight	-0.574*** (0.171)	-1.876*** (0.255)	2.484*** (0.452)
AcExchange	0.197* (0.148)	-0.215 (0.167)	2.228*** (0.454)

续表

模型	1	2	3
因变量	MAmotive	Tech	Nature
Size	0.160** (0.080)	0.194* (0.109)	0.135 (0.114)
Age	0.029*** (0.011)	0.029** (0.014)	0.015 (0.019)
OLev	−0.053 (0.077)	−0.092 (0.117)	−0.017 (0.113)
FLev	−0.007 (0.036)	−0.007 (0.056)	−0.017 (0.049)
ROE	−1.396* (1.005)	−0.077 (1.159)	−4.222** (1.964)
Toppten	0.524 (0.421)	0.001 (0.005)	0.013* (0.007)
Number	−0.019 (0.080)	−0.030 (0.100)	−0.034 (0.125)
Income	0.009 (0.094)	0.012 (0.122)	0.007 (0.134)
Constant	−5.906*** (1.166)	−5.970*** (1.514)	−8.616*** (1.766)
Industry	Yes	Yes	Yes
Year	Yes	Yes	Yes
N	2595	2595	2595
Chi2	36.24***	80.64**	96.41*

注：括号内为标准误，*、**和***分别表示在10%、5%和1%的水平上显著。

　　为检验结果的稳定性，本书在稳健性检验的部分选用 Logit 模型对调节效应重新进行验证，具体结果如表3-11所示。模型1探讨的是在目标企业所在国家为"一带一路"沿线国家和地区的样本中，国有企业进行资源型跨国并购的动机，模型2探讨的是在目标企业所在国家为非"一带一路"沿线国家和地区样本中，国有企业进行资源型跨国并购的动机，通过对两组样本中国有企业进行资源型跨国并购动机系数的比较，可以分析是否为"一带一路"沿线国家和地区的作用。模型1的结果显示，国有企业的系数为1.128，在1%的水平下显著，模型

2 的结果显示，民营企业的系数为 0.937，在 5% 的水平下显著。通过对两者进行比较发现，模型 1 的系数大于模型 2 的系数，且显著性更高，两组样本存在明显差异。这表明在其他条件不变的情况下，若目标企业所在国家为"一带一路"沿线国家和地区，国有企业越容易获得合法性，越有可能进行资源型跨国并购，假设 3-4 再次得到验证，具有稳健性。

表 3-11 "一带一路"沿线国家和地区的调节作用稳健性检验

样本	"一带一路"沿线国家和地区	非"一带一路"沿线国家和地区
模型	1	2
因变量	Nature	Nature
AsRight	1.128***	0.937**
	(0.320)	(0.423)
Size	0.170	0.040
	(0.136)	(0.198)
Age	0.016	0.001
	(0.023)	(0.032)
OLev	0.018	−0.198
	(0.023)	(0.403)
FLev	−0.040	0.014
	(0.032)	(0.062)
ROE	−6.613***	−1.438
	(2.572)	(3.113)
Toppten	0.939	1.477
	(0.900)	(1.248)
Number	−0.074	0.215
	(0.148)	(0.228)
Income	0.041	−0.092
	(0.159)	(0.234)
Constant	−8.455***	−5.763**
	(2.105)	(3.020)
Industry	Yes	Yes
Year	Yes	Yes
N	1312	1247
Chi2	49.29*	15.63**

注：括号内为标准误，*、** 和 *** 分别表示在 10%、5% 和 1% 的水平上显著。

为检验结果的稳定性，本书在稳健性检验的部分选用 Logit 模型对调节效应重新进行验证，检验的具体结果如表 3-12 所示。模型 1 探讨的是在并购双方知识产权制度距离较小的样本中，民营企业进行技术获取型跨国并购的动机，模型 2 探讨的是在并购双方知识产权制度距离较大的样本中，民营企业进行技术获取型跨国并购的动机，通过对两组样本中民营企业进行技术获取型跨国并购动机系数的比较，可以分析知识产权制度距离的作用。模型 1 的结果显示，民营企业的系数为 1. 807，且在 1% 的水平下显著，而模型 2 的结果显示，民营企业的系数为 1. 648，在 5% 的水平下显著。通过对两者进行比较发现，模型 1 的系数大于模型 2 的系数，且显著性更高，两组样本存在明显差异。这表明在其他条件不变的情况下，知识产权制度距离对技术获取型跨国并购动机起到负向调节作用，知识产权制度距离越小，越容易获得合法性，越有可能进行技术获取型跨国并购，假设 3-5 再次得到验证，具有稳健性。

表 3-12　知识产权制度距离的调节作用稳健性检验

样本	知识产权制度距离小	知识产权制度距离大
模型	1	2
因变量	Tech	Tech
Minying	1. 807 ***	1. 648 **
	(0. 295)	(0. 405)
Size	0. 248 **	0. 091
	(0123)	(0. 183)
Age	0. 035 **	0. 011
	(0. 016)	(0. 022)
OLev	−0. 043	−0. 658 *
	(0. 097)	(0. 414)
FLev	0. 001	−0. 081
	(0. 057)	(0. 193)
ROE	−0. 434	−0. 887
	(1. 351)	(1. 978)
Toppten	0. 200	0. 312
	(0. 581)	(0. 818)
Number	0. 030	−0. 116
	(0. 118)	(0. 158)

续表

样本	知识产权制度距离小	知识产权制度距离大
模型	1	2
因变量	Tech	Tech
Income	-0.097 (0.140)	0.197 (0.198)
Constant	-8.248*** (1.890)	-9.218*** (2.693)
Industry	Yes	Yes
Year	Yes	Yes
N	1356	1239
Chi2	58.36**	29.87**

注：括号内为标准误，*、**和***分别表示在10%、5%和1%的水平上显著。

第四节　本章小结

第一，不同类型外部关系对跨国并购动机的影响不同。作为国际市场的后来者，新兴市场国家在缺乏特定优势的前提下，其投资发展路径与发达国家不同，需要充分发挥制度优势，通过外部关系来弥补市场竞争劣势。本章为弥补以往针对外部关系与跨国并购研究的不足，根据外部关系产生的不同方式，将企业分为三种具有不同类型的群体，它们分别为国有企业、有外部关系的民营企业以及无外部关系的民营企业。并进一步借助资源依赖理论探讨了两种不同类型的外部关系对跨国并购动机的影响。国有企业作为政府控股企业，具有先天的外部关系，在政策优惠方面具有明显优势，其竞争性依赖程度最低；有外部关系的民营企业通过与政府进行利益交换，能够弥补一定的市场竞争劣势，但与此同时也形成了对政府的制度性依赖；无外部关系的民营企业在政策方面不存在优待，无制度性依赖，但竞争性依赖程度也最大。国有企业由于在国内具有最好的发展条件，因此其进行跨国并购的动机最弱；无外部关系的民营企业因母国缺乏特定优势，有更强的动机去海外市场寻求发展，其进行跨国并购的动机处于三者中间；有外部关系的民营企业虽然通过进行利益交换弥补了一定的市场竞争劣势，缓解了对国内市场的竞争性依赖，这会减弱其进行跨国并购的动机。但制度性依赖的存在会要求有外部关系的民营企业按照政府的要求完成跨国并购。与此同时，政府为有外部关系的民营企业提供政策上的优惠待遇，会在很大程度上推动有外部关系的民营企业进行跨国并购。在竞争性依赖和制度依赖两者的双重作用下，有外部关系的民营企业进行跨国并购的动机更强。

第二，针对具体的跨国并购类型而言，与无外部关系的民营企业相比，国有企业一方面因为国内优越的营商环境，进行技术获取型跨国并购的动机更弱；另一方面由于承担关系国计民生的政治任务，并承担战略性、基础性行业布局，进行自然资源型跨国并购的动机更强。与有外部关系的民营企业相比，国有企业作为天生的外部关系企业，一方面因为国内优越的营商环境，进行技术获取型跨国并购的动机更弱；另一方面因为有外部关系的民营企业同样需要承担关系国计民生的政治任务，并承担战略性、基础性行业布局，因此两者进行自然资源型跨国并购的动机并无显著差异。与无外部关系的民营企业相比，有外部关系的企业进行技术获取型跨国并购的动机并未更弱，但进行自然资源型跨国并购的动机更强。在技术获取型跨国并购方面，国内营商环境的改善在一定程度上削弱了有外部关系的民营企业进行跨国并购的动机，但由于有外部关系的民营企业同时也获得了更多的资源政策支持其进行技术获取型跨国并购，在这两种力量的作用下，有外部关系的民营企业和无外部关系的民营企业在技术获取型跨国并购动机方面并无明显差别。在自然资源型跨国并购方面，有外部关系的民营企业通过外部关系做支撑，能够充分发挥制度优势，弥补市场竞争劣势，获取更多的资源从而实施"走出去"战略，并承担战略性基础性行业布局，因此有外部关系的民营企业有更强的动机进行自然资源型跨国并购。在此基础上，分别针对不同的并购类型验证了不同的制度距离的影响。对关系国计民生的自然资源型跨国并购而言，"一带一路"倡议直接影响跨国并购动机。对技术获取型跨国并购而言，知识产权制度距离影响知识合法性获取，进而影响是否选择进行技术跨国并购。不同类型的跨国并购会受到不同类型合法性的影响。

第四章　跨国并购动机对
企业创新的影响

　　随着科技在经济发展中的重要性逐渐提升，技术寻求已经成为新兴市场国家企业进行跨国并购的主要目的。但与之对应的是现有针对跨国并购以及企业创新绩效之间相关关系的研究并未得到一致的研究结论（Desyllas & Hughes，2010；张文菲和金祥义，2020；吴航和陈劲，2020；刘威和闻照，2021）。产生分歧的原因主要有以下两个方面：一方面是现有很多研究默认跨国并购的目的是获取先进技术，因此大部分研究在并未区分跨国并购类型的情况下探究全部类型的跨国并购对企业创新的影响，这忽视了部分非技术驱动跨国并购对创新绩效的影响；另一方面是技术驱动的跨国并购本身的并购效果也受到多种因素的影响。不同类型的跨国并购希望达到的目的也不尽相同，只有有针对性地研究以技术创新为目的的跨国并购对企业创新的影响才是有意义的。延续第三部分对跨国并购类型的划分，本书继续将跨国并购类型划分为技术寻求型和自然资源寻求型（王弘书和施新伟，2021）。那么以技术为目的进行的跨国并购就能达到目的吗？即技术寻求型跨国并购是否能有效促进企业创新有待进一步研究。根据 Hitt 等（1996）的观点，跨国并购不是静态的过程，而是一个拥有复杂过程的企业行为，具体包括跨国并购前目标的选择、并购过程中与目标企业的谈判以及并购完成之后对目标企业的整合。跨国并购整合的程度直接关系跨国并购能取得多大的成效，上述针对技术跨国并购对企业创新的影响缺少对并购后整合过程的关注，这也会影响其对并购绩效的分析（Desyllas & Hughes，2010）。

　　综上所述，不同类型的跨国并购究竟会对企业创新产生何种不同作用，技术获取型跨国并购对企业创新的作用又受何种因素影响都需要进一步探讨。本章以2009~2018 年跨国并购相关数据以及与之相对应的 2010~2019 年的企业创新数据为基础，对不同类型的跨国并购创新绩效进行探讨，并进一步聚焦技术获取型跨国对影响跨国并购创新绩效的因素进行探讨。

第一节　研究假设

一、跨国并购动机与企业创新

　　随着科技在经济发展中的重要性逐渐提升，技术寻求已经成为新兴市场国家企业进行跨国并购的主要目的。但与之对应的是现有针对跨国并购以及企业创新绩效之间相关关系的研究结论尚存在争议（Desyllas & Hughes，2010；张文菲和金祥义，2020；吴航和陈劲，2020；刘威和闻照，2021）。持负向作用观点的研究认为，跨国并购不会显著提升企业创新绩效，甚至会抑制企业创新（韩宝山，2017；Ernst & Vitt，2000；Ornaghi，2009）。持正向作用观点的研究认为，跨国并购可以通过吸收被并购方知识促进知识间的协同作用，进而显著提升企业创新绩效（Ahuja & Katila，2001）。上述研究产生分歧的原因主要有以下两个方面：一方面是现有很多研究默认跨国并购的目的是获取先进技术，因此大部分研究在并未区分跨国并购类型的情况下探究全部类型的跨国并购对企业创新的影响，这忽视了部分非技术驱动跨国并购对创新绩效的影响；另一方面是技术驱动的跨国并购本身的并购效果也受到多种因素的影响，如并购方与被并购方知识的互补程度以及并购之后对被并购企业知识的整合程度等。因此，下面继续从跨国并购动机以及技术获取型跨国并购影响因素角度提出假设。

不同类型的跨国并购动机体现了企业进行跨国并购的不同目的，而跨国并购的目的直接影响最终的跨国并购绩效（刘海云和聂飞，2015）。跨国并购往往会占用大量的资金，这不可避免会产生一定的挤占效应，而挤占的目的直接决定其对企业创新的作用。如果挤占资金的目的是进行创新，那么分析的关键是技术跨国并购是否达到了技术提升的目的。如果挤占资金的目的是获得某项自然资源，而非进行技术创新，那么此时对技术的挤占才构成真正意义上的挤占。不同类型的跨国并购挤占资金希望达到的目的不尽相同，因此本章继续延续第三章对跨国并购类型的划分（王弘书和施新伟，2021），分别探究技术寻求型跨国并购和自然资源寻求型跨国并购对企业创新的影响。

对自然资源型跨国并购而言，其目的是获取某项关系国计民生的自然资源用以弥补国内自然资源的不足（王弘书和施新伟，2021），承担战略性基础性行业布局。自然资源型跨国并购与企业创新无关，并且可能因为跨国并购占用大量资金而挤压已有的创新活动。因此，自然资源型跨国并购不仅不会促进企业创新，反而会由于自身目标及对大量资金的占用而对企业创新产生显著的负向作用。然而，国有企业与民营企业的行业属性不同，国有企业在国内大多承担国内战略性基础性行业布局，民营企业参与的是市场性新兴行业开放型的活动，二者并不冲突，各司其职。

对技术获取型跨国并购而言，虽然新兴市场国家可以通过多种途径实现技术创新，例如自主研发、技术引进等，但自主研发往往需要较长的研究期限，这也意味着企业需要承担较大的风险，技术引进往往会形成路径依赖。而以技术寻求为目的的跨国并购既能缩短技术创新的期限也能通过完全控股目标企业而避免形成路径依赖。因此，在现阶段我国高端技术面临"卡脖子"的情况下，在加大自主研发的前提下，通过跨国并购获取先进技术仍然显得紧急和必要（吴先明和苏志文，2014）。那么，以技术为目的进行的跨国并购能否达到提升企业创新的目的，其过程又受到何种因素的影响仍有待进一步探究。通过技术获取型跨国并购获得的是目标企业的知识，这涉及知识管理相关内容以及影响知识管理的因素（Gubbi & Elango，2016）。

技术获取型跨国并购通过对目标企业的并购，帮助并购方获得了深入接触目标企业先进知识的机会（王疆和黄嘉怡，2019；吴先明和张雨，2019）。技术获取型跨国并购在很大程度上丰富了并购方的知识，激发了其对所获知识的学习，并促进了现有知识和所获外部知识的协同，进而提升了企业的创新绩效。具体而言，首先，知识基础观的相关研究认为，企业拥有的知识越丰富，越有利于企业进行创新。技术获取型跨国并购便是企业快速获取先进知识的途径，通过获取目标企业的先进知识为企业创新奠定了知识基础（Gubbi & Elango，2016）。其次，跨国并购打破了企业边界，使企业获取了外部先进知识，这激发了企业对先进知识的学习（Derickx & Cool，1989）。并购方在接触到被并购企业先进知识后，通过识别、学习、利用所获知识促进企业创新能力快速提升。最后，跨国并购涉及企业内部已有内部知识和所获外部知识的整合，企业通过学习、识别和利用外部知识能够实现内外部知识的协同（Bauer & Matzler，2014）。由于内部知识和外部知识各自拥有自身的优势，通过相互之间的融合可以实现对技术能力的快速提升。综上，通过技术获取型跨国并购，并购方获得了目标企业先进知识，知识基础观认为这为企业创新提供了知识基础，之后通过对所获知识的学习，一方面提升了企业自身对知识的学习能力；另一方面提升了对自有知识和所获外部知识之间的协同效应，这会进一步提升企业创新。根据上述分析做出如下假设：

H4-1a：在其他条件不变的情况下，技术获取型跨国并购对企业创新起到显著正向作用。

H4-1b：在其他条件不变的情况下，自然资源型跨国并购对企业创新起到显著负向作用。

二、知识产权制度距离的调节作用

技术获取型跨国并购本身能否达到并购效果也受诸多因素影响，其中对所获知识的整合程度对最终达到的创新效果至关重要，具体包含整合难度以及整合能力两个维度。一方面，从合法性获取角度出发，探讨对所获外部知识的整合难度。知识产权制度距离直接与并购所得知识的合法性获取相关，因此从知识产权制度距离角度出发对整合难度进行探讨。另一方面，整合能力是企业已经具备的对新获得的外部知识进行利用的能力，多从吸收能力出发进行探讨。上述两个方面构成本章研究的两个调节变量。

技术获取型跨国并购需要获得更多的与知识相关的合法性。知识产权制度距离直接决定了并购后合法性的获取，即并购方在完成技术获取型跨国并购对目标企业的知识技术进行整合的难易程度。知识产权制度距离用于衡量不同国家之间知识产权保护相关制度规定的差距程度，现阶段不同国家在知识产权保护方面仍旧存在比较大的差别（Papageorgiadis 等，2014），因此，本章继续从知识产权制度距离角度探讨其对技术获取型跨国后技术整合难易程度的影响。当并购企业所在国家与东道国在知识产权相关制度方面的规定越相似，并购方越容易获得合法性（North，1990），其对技术获取型跨国并购整合的难度也就越低，对被并购方企业先进技术的整合利用程度也就越高。当两国之间知识产权制度距离越大时，并购方由于对被并购企业所在国家的知识产权制度不熟悉，为并购所付出的成本也就越高（Johanson & Vahlne，1977）。采用什么样的方式利用并购所得技术以便在企业内部得到被并购方的认同，在市场上符合东道国的制度要求都是需要考虑的问题。当知识产权制度距离越大时，并购方需要花费更多的成本用于学习当地法规制度，以更大程度上整合所得技术。综上所述，随着知识产权制度距离越大，对并购所得技术整合难度也会越大，进而会负向影响技术获取型跨国并购的创新绩效。根据上述分析具体得到如下假设：

H4-2：在其他条件不变的情况下，知识产权制度距离负向调节技术获取型跨国并购与企业创新之间的相关关系。

三、吸收能力的调节作用

上述对知识产权制度距离的探讨是从整合难度角度出发进行的探讨，此部分继续从吸收能力角度探讨整合能力对技术获取型跨国并购创新绩效的影响。吸收能力是由 Cohen 和 Levinthal 在 1990 年提出的，其认为吸收能力指的是企业在已有知识的基础上，具备的识别、评价进而利用外部知识的能力（Crescenzi & Cagliardi，2018）。在吸收能力的定义中可以看到，其涉及知识管理相关内容，知识具体包含企业内部已经具备的知识和外部可识别、可利用的知识，内部知识为利用外部知识提供了基础，对外部知识的合理识别和利用进一步提升了企业整体知识水平，进而提升企业创新水平，从这个角度可以将吸收能力理解为企业现已具备的知识管理的能力。技术获取型跨国并购是企业获取外部知识的重要渠道（Lichtenthaler & Lichtenthaler，2009），但对已经获得的外部知识的识别和利用程度决定了最终创新水平的高低。企业吸收能力通过对并购所得知识进行识别，进而有选择性地进行充分利用，这种内外部知识的充分协同最终会转化为企业创新水平的提高（Cohen & Levinthal，1990；林春培和张振刚，2017；Xie 等，2018）。因此，在技术获取型跨国并购中，吸收能力越强越能促进技术获取型跨国并购对企业创新的提升（胡雪峰和吴晓明，2015）。根据上述分析做出下述假设：

H4-3：在其他条件不变的情况下，吸收能力正向调节技术获取型跨国并购与企业创新之间的相关关系。

第二节　数据来源及实证模型

一、数据来源

跨国并购是受政府政策主导的企业行为，在我国境外投资兴起之初，只允许国有企业进行海外投资，但是随着改革开放和中国加入 WTO，我国对民营企业跨国并购的管制已放开，这激励了民营企业的跨国并购。因此，为探究不同类型外部关系企业对跨国并购动机的影响，本书不选取年份较早的跨国并购，为了排除 2008 年国际金融危机和 2020 年新冠疫情的影响，最终选取 2009~2018 年 A 股上市公司的数据。本章研究的数据主要是从 BVD（Zephyr）全球并购交易数据库、国泰安经济金融研究数据库（CSMAR）以及万德数据库（WIND）三个数据库获取。具体而言，首先，与跨国并购相关的数据来自 BVD（Zephyr）全球并购交易数据库,其包括跨国并购双方的名称、并购状态以及并购标的金额等相关信息。其次,外部关系相关数据以及与企业经营状况、公司治理相关的数据来自国泰安数据库(CSMAR)和万德数据库(WIND)。此外,与知识产权制度距离相关的数据来自产权联盟发布的各国知识产权指数。针对具体的数据处理,本书参考陈岩等(2019)研究中的方法做出如下处理:一是删除跨国并购相关数据存在缺失的样本;二是删除 2009~2018 年退市以及处于 ST 状态的企业样本;三是删除金融类上市企业样本;四是删除总资产小于固定资产以及资不抵债的企业样本;五是删除包括开曼群岛、英属维京群岛等具有争议的并购样本。

本书探究的是不同类型跨国并购对企业创新的影响,因此保留样本期间至少进行过一次跨国并购的样本数据作为实验组,以及在样本期间未进行过跨国并购的样本数据作为对照组,进行双重差分检验。最终得到样本期间进行过至少一次跨国并购的 302 家上市企业的 2595 条观测值作为实验组,以及在样本期间未进行过跨国并购的 22708 条观测值作为对照组。

二、变量测量

1. 被解释变量

企业创新。目前研究对于企业创新的衡量一般采用与专利相关的数据,具体包括专利申请、授权以及引用等。具体选用哪个指标需要结合研究特征进行分析,因为进行跨国并购之后需要较长时间进行整合然后才能转化为授权并最终被引用,因此本书选择最为直接表示企业创新水平的专利申请指标进行衡量。此外,因为跨国并购转化为专利申请仍需一定的时间,因此参考现有相关研究,本书最终选取滞后一期的专利申请水平作为被解释变量(高厚宾和吴先明,2018;Chang 等,2015),具体为滞后一期的专利申请总数的自然对数。

2. 解释变量

跨国并购动机。衡量在所有观测年度内是否进行跨国并购,用虚拟变量 0~1 表示(Liang 等,2015),只要在所有观测年度内的某一观测年度是进行跨国并购则赋值为 1,否则赋值为 0。时间变量,若在某观测年度进行跨国并购,则此年度及以后赋值为 1，否则为 0。

技术获取型跨国并购。若企业在并购公告中明确提出以获取某项技术为目的（高厚宾和吴先明，2018），则为技术获取型跨国并购。衡量在所有观测年度内是否进行技术获取型跨国并购，用虚拟变量 0-1 表示（Liang 等，2015），只要在所有观测年度内的某一观测年度进行技术获取型跨国并购则赋值为 1，否则赋值为 0。时间变量 1，若在某观测年度进行技术获取型跨国并购，则此年度及以后赋值为 1，此年度之前赋值为 0。

自然资源型跨国并购。若企业在并购公告中明确提出以获取某自然资源为目的（高厚宾和吴先明，2018），则为自然资源型跨国并购。衡量在所有观测年度内是否进行自然资源型跨国并购，用虚拟变量 0-1 表示（Liang 等，2015），只要在所有观测年度内的某一观测年度是进行自然资源型跨国并购则赋值为 1，否则赋值为 0。时间变量 2，若在某观测年度进行自然资源型跨国并购，则此年度及以后赋值为 1，此年度之前赋值为 0。

3. 调节变量

知识产权制度距离。在国家知识产权制度的相关研究中，Park（2008）开发的测量方法得到了广泛应用，数据来源于 GP 指数。知识产权制度距离采用差值距离法计算，即两个国家的知识产权制度指数相减后绝对值。

吸收能力。本章参考 Kostopoulos 等（2011）采用的方法，用实施跨国并购当年研发投入的自然对数进行衡量。为测量吸收能力的调节作用，需要加入吸收能力与跨国并购的交互项，因此为了避免加入交互项后可能出现的多重共线性，对吸收能力进行中心化处理。

4. 控制变量

为了更好地研究不同类型的跨国并购对企业创新的影响，需在模型中控制其他能够对企业创新绩效产生影响的因素，企业自身所具有的财务等状况直接决定了其对创新的投入程度，因此控制变量主要来自企业层面，此外还包含行业层面变量，处于不同行业的企业所具备的创新能力不同。对企业层面的因素而言，本章控制了财务杠杆、经营杠杆、股权结构以及企业规模等变量。其中，由于债权人的低风险偏好，其会限制企业进行具有高风险特征的企业创新行为。本书具体选择财务杠杆和经营杠杆进行衡量，前者表示总资产中负债占比情况，后者表示总资产中固定资产净值占比情况（Saunders 等，1990）。此外，企业一些其他基本情况也会产生影响，例如资产规模、成立年限、收入情况等是企业进行创新活动的基础，一般情况下企业资产规模越大、成立年限越长、收入越高便会拥有更多的资源对企业创新进行投入。对行业层面的因素而言，由于不同行业具有不同的属性，处在不同行业中的企业进行创新的能力天然存在一定的差异。

具体的变量定义及测量如表 4-1 所示。

表 4-1　变量定义及测量

	变量名称	变量测量
因变量		
Innovation	企业创新	滞后一期的专利申请总数的自然对数
解释变量		
MAdu	跨国并购动机	衡量企业在所有观测年度内是否进行跨国并购，只要在所有观测年度内的某一年度内进行则赋值为1，否则赋值为0
Time	时间变量	衡量进行跨国并购之后的影响，若在某观测年度进行跨国并购则这一观测年度之后的年度全部赋值为1，之前全部赋值为0
Techdu	技术获取型跨国并购	衡量企业在所有观测年度内是否进行技术获取型跨国并购，只要在所有观测年度内的某一年度内进行则赋值为1，否则赋值为0
Time1	时间变量1	衡量进行技术获取型跨国并购之后的影响，若在某观测年度进行技术获取型跨国并购则这一观测年度之后的年度全部赋值为1，之前全部赋值为0
Naturedu	自然资源型跨国并购	衡量企业在所有观测年度内是否进行自然资源型跨国并购，只要在所有观测年度内的某一年度内进行则赋值为1，否则赋值为0
Time2	时间变量2	衡量进行自然资源型跨国并购之后的影响，若在某观测年度进行自然资源型跨国并购则这一观测年度之后的年度全部赋值为1，之前全部赋值为0
调节变量		
IPdistance	知识产权制度距离	用两个国家的知识产权制度指数（GP 指数）相减后绝对值进行衡量，大于中位数为大，小于等于中位数为小
Absorb	吸收能力	企业并购当年研发投入的自然对数

	变量名称	变量测量
控制变量		
Age	企业年龄	企业创立年限，观测年度减成立年度
OLev	经营杠杆	固定资产净值占总资产的比例
FLev	财务杠杆	负债占总资产的比例
ROE	净资产收益率	净利润占净资产的比率
Topten	前十大股东持股所占比例	公司持股最多的十大股东所持股份所占比例
Number	员工规模	企业人数的自然对数
Income	主营业务收入	企业主营业务收入的自然对数
Industry	行业变量	按照证监会分类规则进行划分，制造业划分到次类，其余划分到门类
Year	年份变量	观测年度

资料来源：笔者整理。

三、模型设定

为探究实施不同类型跨国并购对企业创新的影响，本章研究通过构建实施跨国并购的实验组和未实施跨国并购的对照组，再加入时间因素构建双重差分模型（黄苹和蔡火娣，2020）。在具体的检验过程中，为避免因为逆向因果而导致的内生性问题，本书采用一般性做法，即采用滞后一期的专利申请数的自然对数作为被解释变量（Jean 等，2016）。具体的模型设定如下，重点关注 α_1 的系数是否显著，若模型（4-1）的系数 α_1 显著为正，则表示实施技术获取型跨国并购能够显著提升企业创新，若模型（4-2）的系数 α_1 显著为负，则表示实施自然资源型跨国并购会显著降低企业创新。

$$Innovation_{i,1+t}=\alpha_0+\alpha_1 Techdu_{i,t}*Time1_{i,t}+\alpha_2 Size_{i,t}+\alpha_3 Age_{i,t}+\alpha_4 OLev_{i,t}+\alpha_5 Flev_{i,t}+$$
$$\alpha_6 ROE_{i,t}+\alpha_7 Topten_{i,t}+\alpha_8 Number_{i,t}+\alpha_9 Income_{i,t}+\alpha_{10} Industry_{i,t}+\alpha_{11} Year_{i,t}+\varepsilon_{i,t} \qquad (4-1)$$

$$Innovation_{i,1+t}=\alpha_0+\alpha_1 Naturedu_{i,t}*Time2_{i,t}+\alpha_2 Size_{i,t}+\alpha_3 Age_{i,t}+\alpha_4 OLev_{i,t}+\alpha_5 Flev_{i,t}+$$
$$\alpha_6 ROE_{i,t}+\alpha_7 Topten_{i,t}+\alpha_8 Number_{i,t}+\alpha_9 Income_{i,t}+\alpha_{10} Industry_{i,t}+\alpha_{11} Year_{i,t}+\varepsilon_{i,t} \qquad (4-2)$$

第三节　数据分析

一、描述性统计

在对所提假设进行检验之前，首先进行描述性检验，主要是为了检验解释变量以及控制变量之间是否存在多重共线性，具体的描述性统计及皮尔逊相关系数结果如表 4-2 所示。用变量之间的皮尔逊相关系数衡量是否存在多重共线性问题，当系数小于 0.75 时通过检验（Sun 等，2016）。根据表 4-2 的结果可以看到，相关系数均小于 0.75，且多数小于 0.1，表明变量之间不存在显著的多重共线性。此外，企业创新与技术获取型跨国并购及时间变量的交互项的皮尔逊相关系数显著为正，这初步验证了技术获取型跨国并购对企业创新的促进作用。全部样本的企业创新的均值为 2.320，而至少有一年进行过跨国并购的企业创新的样本的企业创新的均值为 3.030，这也初步说明进行跨国并购从整体上提升了企业创新。

二、不同类型跨国并购创新效应检验

本书首先在不加入时间变量的情况下，利用进行跨国并购的实验组及未进行跨国并购的对照组数据，探究是否进行技术获取型跨国并购以及是否进行自然资源型跨国并购对企业创新的影响，结果如表 4-3 所示。模型 1 探讨技术获取型跨国并购对企业创新的影响，其系数为 0.813，且在 1% 的水平下显著，说明技术获取型跨国并购显著提升了企业创新绩效。模型 2 探讨自然资源型跨国并购对企业创新的影响，其系数为-0.326，且在 1% 的水平下显著，说明自然资源型跨国并购显著降低了企业创新绩效。模型 3 探讨所有类型跨国并购对企业创新的影响，其系数为 0.462，且在 1% 水平下显著，说明跨国并购显著提升了企业创新绩

表 4-2　描述性统计及皮尔逊相关系数结果

变量名称	1	2	3	4	5	6	7	8	9	10	11	12
1Innovation	1.000											
2MAdu*Time	0.123***	1.000										
3Techdu*Time1	0.133***	0.796***	1.000									
4Naturedu*Time2	0.026	0.591***	-0.018***	1.000								
5Size	0.225***	0.182***	0.076***	0.200***	1.000							
6Age	-0.019**	0.031***	0.002	0.049***	0.194***	1.000						
7OLev	0.002	-0.002	-0.004	0.002	0.015**	-0.005	1.000					
8Flev	-0.002	-0.002	-0.002	-0.001	-0.005	-0.006	-0.000	1.000				
9ROE	0.015**	-0.004	-0.004	-0.002	0.019***	-0.014**	-0.017***	-0.010*	1.000			
10Topten	0.069***	0.014**	-0.006	0.031***	0.126***	-0.204***	-0.023***	-0.002	0.034***	1.000		
11Number	0.380***	0.154***	0.082***	0.146***	0.619***	0.059***	0.011**	-0.003	0.016***	0.129***	1.000	
12Income	0.299***	0.154***	0.075***	0.155***	0.625***	0.130***	0.011*	-0.008	0.031***	0.147***	0.672	1.000
平均值	2.320	0.049	0.031	0.017	22.128	16.466	1.587	2.403	0.058	0.595	7.612	21.373
标准误	1.788	0.216	0.174	0.130	1.534	5.858	15.213	77.911	1.105	0.161	1.384	1.711

注：*、**和***分别表示在 10%、5%和 1%的水平上显著。

资料来源：笔者整理。

效，原因在于现有大部分跨国并购的目的是获取先进技术，其抵消了自然资源型跨国并购对企业创新的负向作用，其系数小于技术获取型跨国并购对企业创新的作用的系数。通过不同类型跨国并购对企业创新作用的检验，发现技术获取型跨国并购显著提升了企业创新，而自然资源型跨国并购对企业创新起到显著的负向作用，假设 4-1a 和假设 4-1b 得到验证。

表 4-3　不同类型跨国并购与企业创新

模型	1	2	3
因变量	Innovation	Innovation	Innovation
Techdu	0.813*** (0.044)		
Naturedu		-0.326*** (0.061)	
MAdu			0.462*** (0.035)
Size	-0.161*** (0.015)	-0.155*** (0.015)	-0.180*** (0.014)
Age	-0.005*** (0.002)	-0.008*** (0.002)	-0.045*** (0.002)
OLev	-0.000 (0.001)	-0.000 (0.001)	-0.000 (0.001)
FLev	-0.000 (0.000)	-0.000 (0.000)	-0.000 (0.000)
ROE	-0.133** (0.058)	-0.136** (0.059)	-0.015 (0.056)
Toppten	0.041 (0.069)	0.035 (0.069)	-0.410*** (0.067)
Number	0.509*** (0.012)	0.518*** (0.012)	0.522*** (0.012)
Income	0.125*** (0.015)	0.125*** (0.015)	0.112*** (0.014)
Constant	-0.585** (0.188)	-0.694** (0.190)	0.898** (0.183)

续表

模型	1	2	3
因变量	Innovation	Innovation	Innovation
Industry	Yes	Yes	Yes
Year	Yes	Yes	Yes
N	25303	25303	25303
Adj-R^2	0.1693	0.1583	0.1781

注：括号内为标准误，＊、＊＊和＊＊＊分别表示在 10%、5% 和 1% 的水平上显著。

为进一步验证不同类型跨国并购对企业创新的效应，在区分实验组和对照组的基础上，加入时间变量的影响，利用双重差分 DID 模型，探究进行不同类型跨国并购后对企业创新的影响，结果如表 4-4 所示。模型 1 探讨进行技术获取型跨国并购后对企业创新的影响，其系数为 1.068，且在 1% 的水平下显著，说明进行技术获取型跨国并购后显著提升了企业创新绩效。模型 2 探讨进行自然资源型跨国并购后对企业创新的影响，其系数为 -0.140，且在 10% 的水平下显著，说明进行自然资源型跨国并购后显著降低了企业创新绩效。模型 3 在不区分跨国并购类型的情况下，探讨进行跨国并购后对企业创新的影响，其系数为 0.698，且在 1% 水平下显著，说明企业进行跨国并购后显著提升了创新绩效。通过不同类型跨国并购对企业创新作用的检验，发现进行技术获取型跨国并购后显著提升了企业创新，而自然资源型跨国并购对企业创新起到显著的负向作用，假设 4-1a 和假设 4-1b 得到验证。

表 4-4　不同类型跨国并购与企业创新（双重差分 DID）

模型	1	2	3
因变量	Innovation	Innovation	Innovation
Techdu＊Time1	1.068＊＊＊ （0.060）		
Naturedu＊Time2		-0.140＊ （0.087）	

续表

模型	1	2	3
因变量	Innovation	Innovation	Innovation
MAdu * Time			0.698 ***
			(0.050)
Size	-0.169 ***	-0.159 ***	-0.174 ***
	(0.015)	(0.015)	(0.015)
Age	-0.008 ***	-0.008 ***	-0.008 ***
	(0.002)	(0.002)	(0.002)
OLev	-0.004	-0.005	-0.004
	(0.017)	(0.017)	(0.016)
FLev	-0.009	-0.016	-0.011
	(0.067)	(0.067)	(0.067)
ROE	-0.129 **	-0.133 **	-0.122 **
	(0.058)	(0.059)	(0.058)
Toppten	0.057	0.035	0.052
	(0.069)	(0.069)	(0.069)
Number	0.510 ***	0.518 ***	0.511 ***
	(0.012)	(0.012)	(0.012)
Income	0.126 ***	0.125 ***	0.125 ***
	(0.015)	(0.015)	(0.015)
Constant	-0.419 **	-0.612 **	-0.288 *
	(0.188)	(0.190)	(0.189)
Industry	Yes	Yes	Yes
Year	Yes	Yes	Yes
N	25303	25303	25303
Adj-R^2	0.1650	0.1580	0.1614

注：括号内为标准误，＊、＊＊和＊＊＊分别表示在10%、5%和1%的水平上显著。

三、知识产权制度距离调节效应检验

因知识产权制度距离是非连续变量，因此本书采用分组比较的方法进行探究，将知识产权制度距离小于等于中位数的样本分组为知识产权制度距离小的样

本，相应地将知识产权制度距离大于中位数的样本分组为知识产权制度距离大的样本，检验的具体结果如表4-5所示。模型1探讨的是在并购双方知识产权制度距离较大的样本中，进行技术获取型跨国并购后对企业创新的作用，模型2探讨的是在并购双方知识产权制度距离较小的样本中，进行技术获取型跨国并购后对企业创新的作用，通过对两组样本中进行技术获取型跨国并购后对企业创新的作用系数的比较，可以分析知识产权制度距离的作用。从模型1的结果可以看到，系数为0.533，且在1%的水平下显著，而模型2的结果显示，系数为0.836，且在1%的水平下显著。通过对两者进行比较发现，模型2的系数显著大于模型1的系数，两组样本存在明显差异。这表明在其他条件不变的情况下，知识产权制度距离对技术获取型跨国并购企业创新的作用起到负向调节作用，知识产权制度距离越小，技术获取型跨国并购越有可能促进企业创新，假设4-2得到验证。

表4-5　知识产权制度距离的调节作用

模型	1	2
样本	大距离	小距离
因变量	Innovation	Innovation
Techdu * Time1	0.533*** (0.108)	0.836*** (0.081)
Size	-0.500*** (0.050)	-0.482*** (0.050)
Age	-0.018** (0.007)	-0.019*** (0.007)
OLev	0.048 (0.033)	0.031 (0.030)
FLev	-0.013 (0.019)	-0.003 (0.020)
ROE	1.786*** (0.589)	0.982* (0.569)
Toppten	-1.939*** (0.273)	-1.770*** (0.254)
Number	0.594*** (0.049)	0.662*** (0.047)

模型	1	2
样本	大距离	小距离
因变量	Innovation	Innovation
Income	0.538*** (0.058)	0.473*** (0.059)
Constant	-1.277** (0.631)	-0.799 (0.622)
Industry	Yes	Yes
Year	Yes	Yes
N	1239	1356
Adj-R^2	0.3523	0.3426

注：括号内为标准误，*、**和***分别表示在10%、5%和1%的水平上显著。

四、吸收能力调节效应检验

因吸收能力是连续变量，因此采用在模型中加入自变量与调节变量交互项的方法验证其调节作用，首先如模型1所示放入所有控制变量，其次如模型2所示放入自变量和控制变量，最后如模型3所示放入自变量和自变量与调节变量的交互项以及控制变量，具体结果如表4-6所示。模型2中，自变量的系数为0.767，且在1%的水平下显著，说明进行技术获取型跨国并购后显著提升了企业创新，主效应成立，为调节变量的检验奠定了基础。模型3中，自变量与调节变量的交互项的系数为8.664，且在1%的水平下显著，说明吸收能力起到正向调节作用，即吸收能力越强，技术获取型跨国并购对企业创新的促进作用也越强，假设4-3得到验证。

表4-6　吸收能力的调节作用

模型	1	2	3
因变量	Innovation	Innovation	Innovation
Techdu * Time1		0.767*** (0.071)	0.196** (0.096)

续表

模型	1	2	3
因变量	Innovation	Innovation	Innovation
Techdu * Time1 * Absorb			8.664 ***
			(2.090)
Size	−0.468 ***	−0.465 ***	−0.019
	(0.048)	(0.047)	(0.063)
Age	−0.004	−0.015 **	−0.006
	(0.006)	(0.063)	(0.006)
OLev	0.026	0.039	0.023
	(0.031)	(0.029)	(0.028)
FLev	−0.012	−0.004	0.001
	(0.018)	(0.017)	(0.018)
ROE	1.392 ***	1.417 ***	1.575 ***
	(0.545)	(0.531)	(0.539)
Toppten	−1.785 ***	−1.632 ***	−1.303 ***
	(0.244)	(0.238)	(0.238)
Number	0.639 ***	0.609 ***	0.492 ***
	(0.044)	(0.043)	(0.048)
Income	0.493 ***	0.508 ***	0.280 ***
	(0.055)	(0.053)	(0.063)
Constant	−1.354 **	−1.726 ***	−5.845 ***
	(0.594)	(0.581)	(0.652)
Industry	Yes	Yes	Yes
Year	Yes	Yes	Yes
N	2595	2595	2595
Adj-R^2	0.3356	0.3495	0.3812

注：括号内为标准误，＊、＊＊和＊＊＊分别表示在10%、5%和1%的水平上显著。

五、稳健性检验

1. 倾向性得分匹配（PSM-DID）

跨国并购动机与企业创新之间可能存在互为因果的关系，即存在内生性问题，如果直接采用回归模型进行估计，可能会造成得到的结论存在偏误（黄苹和蔡火娣，2020)。在上述主效应检验的部分，虽然用了双重差分模型，但是并未对实现组和对照组进行精准配对，实验组和对照组之间的控制变量仍旧存在显著差异，所以不能完全避免内生性问题。因此，本书在稳健性检验部分采用一比一的倾向性得分匹配 PSM 获得与实验组（实施跨国并购）具有相似特征的对照组（未实施跨国并购），然后再采用双重差分 DID 进行回归估计。具体的配对前后数据核密度情况如图 4-1 和图 4-2 所示，具体检验结果如表 4-7 所示。

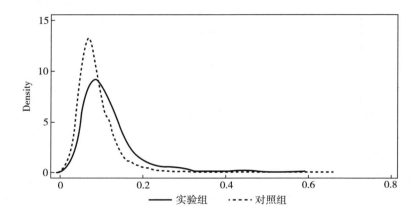

图 4-1　匹配前核密度

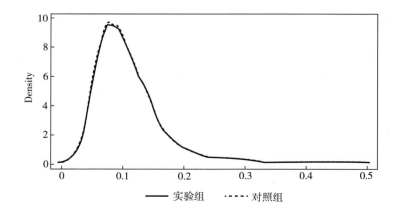

图 4-2　匹配后核密度

表 4-7 不同类型跨国并购与企业创新的稳健性检验（PSM-DID）

模型	1	2	3
因变量	Innovation	Innovation	Innovation
Techdu * Time1	0.673 *** (0.069)		
Naturedu * Time2		-0.565 *** (0.096)	
MAdu * Time			0.300 *** (0.062)
Size	-0.373 *** (0.037)	-0.360 *** (0.038)	-0.371 *** (0.038)
Age	-0.038 *** (0.005)	-0.037 *** (0.005)	-0.039 *** (0.005)
OLev	0.004 (0.025)	-0.007 (0.025)	-0.001 (0.025)
FLev	-0.011 (0.012)	-0.014 (0.012)	-0.014 (0.012)
ROE	0.924 ** (0.376)	0.763 ** (0.380)	1.053 *** (0.380)
Toppten	-1.024 *** (0.179)	-1.169 *** (0.180)	-1.087 *** (0.180)
Number	0.630 *** (0.032)	0.655 *** (0.032)	0.645 *** (0.032)
Income	0.273 *** (0.041)	0.264 *** (0.041)	0.254 *** (0.041)
Constant	1.124 ** (0.455)	1.122 ** (0.461)	1.546 *** (0.457)
Industry	Yes	Yes	Yes
Year	Yes	Yes	Yes
N	4229	4229	4229
Adj-R^2	0.2498	0.2391	0.2371

注：括号内为标准误，*、**和***分别表示在10%、5%和1%的水平上显著。

为进一步验证不同类型跨国并购对企业创新的效应，利用一比一倾向性得分匹配的方法进一步精确了对照组样本，控制了内生性问题，然后再在此基础上加入时间变量因素，利用双重差分模型，探究进行不同类型的跨国并购后对企业创新的影响，结果如表 4-7 所示。模型 1 探讨进行技术获取型跨国并购后对企业创新的影响，其系数为 0.673，且在 1% 的水平下显著，说明进行技术获取型跨国并购后显著提升了企业创新绩效。模型 2 探讨进行自然资源型跨国并购后对企业创新的影响，其系数为 -0.565，且在 1% 的水平下显著，说明进行自然资源型跨国并购后显著降低了企业创新绩效。模型 3 在不区分跨国并购类型的情况下，探讨进行跨国并购后对企业创新的影响，其系数为 0.300，且在 1% 水平下显著，说明企业进行跨国并购后显著提升了创新绩效，原因在于技术获取型跨国并购成为主流，其抵消了自然资源型跨国并购对企业创新的负向作用。综上，假设 4-1a 和假设 4-1b 再次得到验证，具有稳健性。

2. 滞后二期和滞后三期因变量数据

为进一步验证不同类型跨国并购对企业创新的作用，此部分继续利用滞后二期和滞后三期的企业创新数据进行验证，避免互为因果的内生性问题，结果如表 4-8 所示，其中模型 1、模型 2 和模型 3 为滞后二期结果，模型 4、模型 5 和模型 6 为滞后三期结果。为准确呈现采用 2020 年之前数据，因此滞后二期的数据为 2009~2017 年的跨国并购数据和相关数据及 2011~2019 年的企业创新数据，滞后三期的数据为 2009~2016 年的跨国并购数据和相关数据及 2012~2019 年的企业创新数据。模型 1 探讨进行技术获取型跨国并购后对企业创新的影响，其系数为 0.869，且在 1% 的水平下显著，说明进行技术获取型跨国并购后显著提升了企业创新绩效。模型 2 探讨进行自然资源型跨国并购后对企业创新的影响，系数为 -0.236，且在 1% 的水平下显著，说明进行自然资源型跨国并购后显著降低了企业创新绩效。模型 3 在不区分跨国并购类型的情况下，探讨进行跨国并购后对企业创新的影响，其系数为 0.529，且在 1% 的水平下显著，说明企业进行跨国并购后显著提升了创新绩效。模型 4 探讨进行技术获取型跨国并购后对企业创新的影响，其系数为 0.940，且在 1% 的水平下显著，说明进行技术获取型跨国并购后显著提升了企业创新绩效。模型 5 探讨进行自然资源型跨国并购后对企业创新影响，系数为 -0.176，且在 10% 的水平下显著，说明进行自然资源型跨国并购后显著降低了企业创新绩效。模型 6 在不区分跨国并购类型的情况下，探讨进行跨国并购后对企业创新的影响，系数为 0.594，且在 1% 的水平下显著，说明企业进行跨国并购后显著提升了创新绩效。采用滞后二期和滞后三期企业创新数据的检验结果仍旧显著，且技术获取型跨国并购的技术逐渐增大，说明实现技术创新转化需要一定的窗口时间。综上，假设 4-1a 和假设 4-1b 再次得到验证，具有稳健性。

表 4-8　不同类型跨国并购与企业创新的稳健性检验（滞后二期和滞后三期）

模型	1	2	3	4	5	6
因变量	滞后二期			滞后三期		
	Innovation	Innovation	Innovation	Innovation	Innovation	Innovation
Techdu * Time1	0.869 *** (0.065)			0.940 *** (0.075)		
Naturedu * Time2		−0.236 *** (0.094)			−0.176 * (0.108)	
MAdu * Time			0.529 *** (0.054)			0.594 *** (0.062)
Size	−0.199 *** (0.015)	−0.191 *** (0.015)	−0.203 *** (0.015)	−0.214 *** (0.016)	−0.207 *** (0.016)	−0.219 *** (0.016)
Age	−0.048 *** (0.002)	−0.049 *** (0.002)	−0.048 *** (0.002)	−0.049 *** (0.002)	−0.050 *** (0.002)	−0.049 *** (0.002)
OLev	−0.007 (0.016)	−0.007 (0.017)	−0.007 (0.017)	0.007 (0.016)	0.007 (0.017)	0.007 (0.016)
FLev	−0.011 (0.065)	−0.015 (0.065)	−0.012 (0.065)	0.007 (0.067)	0.003 (0.067)	0.006 (0.067)
ROE	0.003 (0.057)	0.003 (0.057)	0.008 (0.057)	0.034 (0.060)	0.035 (0.060)	0.038 (0.060)
Toppten	−0.270 *** (0.069)	−0.297 *** (0.070)	−0.278 *** (0.070)	−0.055 (0.075)	−0.080 *** (0.076)	−0.063 (0.075)
Number	0.517 *** (0.013)	0.523 *** (0.013)	0.519 *** (0.013)	0.511 *** (0.013)	0.516 *** (0.014)	0.512 *** (0.013)

续表

模型	1	2	3	4	5	6
因变量	滞后二期			滞后三期		
	Innovation	Innovation	Innovation	Innovation	Innovation	Innovation
Income	0.125*** (0.015)	0.124*** (0.015)	0.125*** (0.015)	0.130*** (0.016)	0.130*** (0.016)	0.130*** (0.016)
Constant	1.134*** (0.195)	0.990*** (0.197)	1.234*** (0.196)	1.336*** (0.211)	1.206*** (0.214)	1.455*** (0.213)
Industry	Yes	Yes	Yes	Yes	Yes	Yes
Year	Yes	Yes	Yes	Yes	Yes	Yes
N	22553	22553	22553	19578	19578	19578
Adj-R^2	0.1742	0.1677	0.1710	0.1692	0.1626	0.1663

注：括号内为标准误，*、**和***分别表示在10%、5%和1%的水平上显著。

3. 固定效应模型

可能存在某种未考虑到的控制变量与因变量之间存在互为因果的问题，为控制因为遗漏某控制变量而导致的内生性问题，本书继续采用固定效应模型对上述主效应和调节效应进行检验（谭洪涛等，2016）。若经过固定效应模型检验的主效应及调节效应仍旧显著，那么便可以在一定程度上控制因为遗漏某些控制变量而存在的互为因果的内生性问题。

主效应的稳健性检验方面，探究进行不同类型的跨国并购后对企业创新的影响，结果如表4-9所示。模型1探讨技术获取型跨国并购对企业创新的影响，其系数为0.825，且在1%的水平下显著，说明技术获取型跨国并购显著提升了企业创新绩效。模型2探讨自然资源型跨国并购对企业创新的影响，其系数为-0.264，且在1%的水平下显著，说明自然资源型跨国并购显著降低了企业创新绩效。模型3探讨所有类型跨国并购对企业创新的影响，其系数为0.488，且在1%的水平下显著，说明跨国并购显著提升了企业创新绩效，原因在于现有大部分跨国并购的目的是获取先进技术，其抵消了自然资源型跨国并购对企业创新的负向作用，其系数小于技术获取型跨国并购对企业创新的作用的系数。通过不同类型跨国并购对企业创新作用的检验，发现技术获取型跨国并购显著提升了企业创新，而自然资源型跨国并购对企业创新起到显著的负向作用，假设 4-1a 和假设 4-1b 再次得到验证，具有稳健性。

表 4-9　不同类型跨国并购与企业创新的稳健性检验（固定效应）

模型	1	2	3
因变量	Innovation	Innovation	Innovation
Techdu * Time1	0.825 *** (0.057)		
Naturedu * Time2		-0.264 *** (0.083)	
MAdu * Time			0.488 *** (0.048)
Size	-0.178 *** (0.014)	-0.169 *** (0.014)	-0.180 *** (0.014)
Age	-0.045 *** (0.002)	-0.047 *** (0.002)	-0.046 *** (0.002)
OLev	-0.006 (0.016)	-0.006 (0.016)	-0.006 (0.016)
FLev	-0.011 (0.064)	-0.016 (0.064)	-0.013 (0.064)
ROE	-0.020 (0.056)	-0.022 (0.056)	-0.015 (0.056)
Toppten	-0.384 *** (0.067)	-0.414 *** (0.067)	-0.393 *** (0.067)
Number	0.521 *** (0.011)	0.529 *** (0.012)	0.523 *** (0.012)
Income	0.114 *** (0.014)	0.113 *** (0.014)	0.113 *** (0.014)
Constant	0.819 ** (0.182)	-0.665 ** (0.184)	0.908 *** (0.183)
Industry	Yes	Yes	Yes
Year	Yes	Yes	Yes

续表

模型	1	2	3
因变量	Innovation	Innovation	Innovation
N	25303	25303	25303
Adj-R^2	0.1791	0.1727	0.1757

注：括号内为标准误，＊、＊＊和＊＊＊分别表示在10%、5%和1%的水平上显著。

　　表4-10是知识产权制度距离调节作用稳健性检验的结果表。模型1探讨的是在并购双方知识产权制度距离较大的样本中，进行技术获取型跨国并购后对企业创新的作用，模型2探讨的是在并购双方知识产权制度距离较大的样本中，进行技术获取型跨国并购后对企业创新的作用，通过对两组样本中进行技术获取型跨国并购后对企业创新的作用系数的比较，可以分析知识产权制度距离的作用。从模型1的结果可以看到，系数为0.228，且在5%的水平下显著，而模型2的结果显示，系数为0.532，在1%的水平下显著。通过对两者进行比较发现，模型2的系数显著大于模型1的系数，且模型2的显著性更高，两组样本存在明显差异。这表明在其他条件不变的情况下，知识产权制度距离对技术获取型跨国并购对企业创新的作用起到显著的负向调节作用，知识产权制度距离越小，进行知识整合利用的难度越低，技术获取型跨国并购越有可能促进企业创新，假设4-2再次得到验证，知识产权制度距离的负向调节作用具有稳健性。

表4-10　知识产权制度距离调节作用的稳健性检验（固定效应）

模型	1	2
样本	大距离	小距离
因变量	Innovation	Innovation
Techdu＊Time1	0.228＊＊ （0.112）	0.532＊＊＊ （0.086）
Size	−0.482＊＊＊ （0.050）	−0.472＊＊＊ （0.050）
Age	−0.044＊＊＊ （0.008）	−0.042＊＊＊ （0.007）
OLev	0.043 （0.032）	0.028 （0.030）

模型	1	2
样本	大距离	小距离
因变量	Innovation	Innovation
FLev	−0.015	−0.005
	(0.019)	(0.018)
ROE	2.605 ***	1.815 ***
	(0.586)	(0.567)
Toppten	−2.136 ***	−2.006 ***
	(0.269)	(0.251)
Number	0.601 ***	0.680 ***
	(0.048)	(0.046)
Income	0.495 ***	0.425 ***
	(0.058)	(0.058)
Constant	−0.300	0.393
	(0.629)	(0.625)
Industry	Yes	Yes
Year	Yes	Yes
N	1239	1356
Adj-R^2	0.3604	0.3509

注：括号内为标准误，＊、＊＊和＊＊＊分别表示在10%、5%和1%的水平上显著。

　　因吸收能力是连续变量，因此采用在模型中加入自变量与调节变量交互项的方法验证其调节作用，首先如模型1所示放入所有控制变量，其次如模型2所示放入自变量和控制变量，最后如模型3所示放入自变量和自变量与调节变量的交互项以及控制变量，具体结果如表4-11所示。模型2中，自变量的系数为0.496，且在1%的水平下显著，说明进行技术获取型跨国并购后显著提升了企业创新，主效应成立，为调节变量的检验奠定基础。模型3中，自变量与调节变量的交互项的系数为7.736，且在1%的水平下显著，说明吸收能力起到正向调节作用，假设4-3再次得到验证，吸收能力的正向调节作用具有稳健性。

表4-11　吸收能力调节作用的稳健性检验（固定效应）

模型	1	2	3
因变量	Innovation	Innovation	Innovation
Techdu * Time1		0.496 ***	0.098 *
		(0.077)	(0.098)

续表

模型	1	2	3
因变量	Innovation	Innovation	Innovation
Techdu * Time1 * Absorb			7.736*** (2.105)
Size	−0.457*** (0.047)	−0.459*** (0.046)	−0.058 (0.064)
Age	−0.037*** (0.007)	−0.037*** (0.007)	−0.018*** (0.007)
OLev	0.030 (0.030)	0.037 (0.029)	0.023 (0.028)
FLev	−0.008 (0.017)	−0.004 (0.017)	0.003 (0.018)
ROE	2.342*** (0.534)	2.149*** (0.530)	1.939*** (0.545)
Toppten	−1.948*** (0.238)	−1.813*** (0.237)	−1.410*** (0.240)
Number	0.642*** (0.043)	0.622*** (0.043)	0.512*** (0.048)
Income	0.454*** (0.053)	0.474*** (0.053)	0.285*** (0.063)
Constant	−0.278** (0.584)	−0.755 (0.583)	−4.980*** (0.6575)
Industry	Yes	Yes	Yes
Year	Yes	Yes	Yes
N	2268	2268	2268
Adj-R^2	0.3446	0.3565	0.3836

注：括号内为标准误，＊、＊＊和＊＊＊分别表示在10%、5%和1%的水平上显著。

第四节　本章小结

不同类型的跨国并购对企业创新起到不同作用。技术获取型跨国并购显著提升企业创新，自然资源型跨国并购显著降低企业创新。知识产权制度距离起到负向调节作用，吸收能力起到正向调节作用，具体如下。

不同类型的跨国并购动机体现了企业进行跨国并购的不同目的，而跨国并购的目的直接影响最终的跨国并购绩效。技术获取型跨国并购能显著提升企业创新，基于知识基础观，技术获取型跨国并购可通过丰富知识内容、提升知识学习以及促进知识协同最终促进企业创新。由于自然资源型跨国并购的目的不是企业创新，大多承担战略性、基础性行业布局，因此不仅不能促进企业创新，反而因为占用了大量资源而不利于企业创新。总体上看，跨国并购是有利于企业创新的，这是因为在我国技术获取型跨国并购已经成为跨国并购的主要类型，并且技术获取型跨国并购对企业技术的提升效果确实显著。针对技术获取型跨国并购而言，其对企业创新的提升效果取决于并购方对目标企业技术的整合利用效果，这受到两方面因素的影响，一方面是知识产权制度距离，这决定了进行知识整合的难度；另一方面是企业吸收能力，这决定了企业进行知识整合的能力。具体而言，知识产权制度距离越小，并购方获取合法性的难度越小，对技术提升的效果越明显。吸收能力越强，并购方进行整合的能力越强，对技术提升的效果也就越明显。这为不同类型外部关系通过影响跨国并购动机，进而影响创新绩效的路径奠定了基础。

第五章　外部关系、跨国并购动机与企业创新

外部关系在企业跨国并购中是不可忽视的重要因素。我国企业在跨国并购过程中通过外部关系做支撑，能够充分发挥制度优势，弥补市场竞争劣势，获取更多的资源从而实施"走出去"战略。国有企业因大多承担海内外战略性、基础性行业布局，往往是海外并购的先驱和关键参与者。这种情况可能有各种动机：一些国有企业有责任实施国家战略；一些希望晋升的国有企业高管希望获得更好的运营效果；一些国有企业希望掌握重要的战略资源。企业与政府官员之间的政治联系是各国经济发展中的普遍现象（Faccio，2006）。如在中国上市公司的CEO中，27%是我国中央或地方政府的前官员（Fan 等，2007）。政府政策的大力扶持和其雄厚的资金支持有利于企业进行跨国并购活动，能够通过整合技术资源和发挥持续协同效应进而促进企业的创新能力的提升；而国有企业进行的资源型跨国并购，大多是为了承担国内战略性、基础性行业布局，与企业创新可能没有较大联系，甚至可能会因为进行跨国并购而占用大量的资金，进而会抑制企业的创新活动。许多学者对海外并购对企业绩效的影响进行了实证研究，但尚未达成共识。通过对跨国并购绩效和跨国并购绩效影响因素等相关研究进行综述可以发现，外部关系对企业跨国并购绩效的影响研究存在不同的结论，主要有以下两方面的原因，一方面是现有针对外部关系与跨国并购的研究多直接针对跨国并购绩效进行，未探究其对跨国并购动机的影响，且针对外部关系的研究不全面，因

此，第三章探究了不同类型外部关系对跨国并购动机的影响。另一方面是针对跨国并购创新绩效的研究结论不一致，主要原因是缺少对不同类型跨国并购创新绩效的探究，因此，本书第四章探究了不同类型跨国并购对企业创新的影响。上述两部分研究为探究不同类型外部关系对跨国并购创新绩效影响路径奠定了基础。不同类型外部关系对跨国并购创新绩效有何不同影响，其如何通过跨国并购动机对最终创新绩效产生影响仍需进行进一步探究。

因此，本章在第三章和第四章的基础上，以 2009~2018 年跨国并购相关数据以及与之相对应的 2010~2019 年的企业创新数据为基础，探究不同类型外部关系对跨国并购创新绩效的不同影响，并进一步探讨不同类型外部关系通过跨国并购动机进而作用于最终创新绩效的路径。

第一节　研究假设

一、外部关系对跨国并购创新绩效的影响

作为国际市场的后来者，新兴市场国家在缺乏特定优势的前提下，其投资发展路径与发达国家不同，需要充分发挥制度优势，通过外部关系来弥补市场竞争劣势。但目前对跨国并购创新绩效的研究未得到一致研究结论（李政毅等，2020；郭健全和韩亦秦，2021），主要有正向影响和负向影响两种不同的观点。产生两种不同观点的原因，一方面在于现有关于外部关系的研究不全面，只针对其中一种类型进行，未对两种类型外部关系的作用机理进行比较研究；另一方面在于现有研究一般将外部关系作为调节变量，或直接探究其对某种类型跨国并购创新绩效的影响（高厚宾和吴先明，2018；郭健全和韩亦秦，2021），未从根本上探究其通过影响跨国并购动机进而影响企业创新的路径。因此本书在第三章和第四章研究的基础上，继续探究外部关系通过影响跨国并购进而影响企业创新的

路径，旨在打开外部关系影响跨国并购创新绩效的"黑箱"。

对依靠股权关系获取的外部关系对跨国并购绩效的影响，目前研究结论较为一致。相关研究将是否为国有企业作为调节变量，从企业自身具备的经营效率出发进行探究（邵新建等，2012），认为国有企业经营效率低于民营企业，因此会对跨国并购创新绩效产生负向影响（张文菲和金祥义，2020；常青青，2021）。但我们通过第三章研究已经发现，企业性质本身会影响跨国并购动机，而跨国并购动机本身会对创新绩效产生影响。现有研究仅针对企业经营效率展开，忽略了企业性质对跨国并购选择的影响。综上，依靠正式股权关系形成的外部关系大多会承担国内战略性、基础性行业布局，且国有企业申请的专利往往研发任务周期较长，自主性要求比攻关型要求较强，这本身就不要求企业追求专利数量。因此，若以专利数量进行衡量，创新绩效相对较低。所以，依靠股权关系获取的外部关系会对跨国并购创新绩效产生负向影响。

对依靠社会关系获取的外部关系对跨国并购创新绩效的影响，目前尚未得到一致的研究结论（李政毅等，2020；高厚宾和吴先明，2018）。持正向观点的研究根据"资源效应"的观点认为外部关系能够为企业提供非正式的制度优惠（张敏和黄继承，2009；黄新建和王婷，2012），如更充足的资金、更优惠的贷款政策等，进而促进跨国并购创新绩效（李政毅等，2020）。持负向观点的研究根据"资源诅咒"的观点认为外部关系的维系本身会投入大量资金，这反而会对跨国并购创新绩效产生负向影响（袁建国等，2015）。国有企业与民营企业的行业属性不同，国有企业在国内大多承担战略性基础性行业布局，民营企业参与的是市场性新兴行业开放型的活动，二者并不冲突，各司其职。随着政府反腐倡廉的力度不断加大，以及国家对民营企业支持力度的加大，亲清型政企关系的构建已经初显成效。亲清型政企关系的本质在于政府要了解企业发展需求，真正为企业发展提供其所需的政策资源，因此，依靠社会关系获取的外部关系通过提供政策支持提升了跨国并购创新绩效。

综上所述，依靠正式股权关系获取的外部关系主要是通过影响跨国并购动机产生影响。依靠社会关系获取的外部关系主要通过政策支持发挥作用，体现了现阶段对亲清型政企关系的构建的支持。根据上述分析做出以下假设：

H5-1a：在其他条件不变的情况下，依靠股权关系获取的外部关系对跨国并购创新绩效起到显著负向作用。

H5-1b：在其他条件不变的情况下，依靠社会关系获取的外部关系对跨国并购创新绩效起到显著正向作用。

二、跨国并购动机的中介作用

不同类型外部关系会由于竞争性依赖和制度性依赖对跨国并购动机产生不同影响。不同类型的跨国并购动机体现了企业进行跨国并购的不同目的，跨国并购的目的直接影响最终的跨国并购绩效（刘海云和聂飞，2015）。本书第三章探究了不同类型外部关系对跨国并购动机的影响，第四章继续探究了不同类型跨国并购对企业创新的不同作用，上述两部分研究为本章不同类型外部关系对跨国并购创新绩效的研究奠定了基础。通过第三章得到的外部关系与跨国并购动机相关结论发现，有外部关系的民营企业和无外部关系的民营企业两者之间在技术获取型跨国并购动机方面不存在显著差异。有外部关系的民营企业虽然作为交换条件需要完成一定的政府交办任务，这会损害跨国并购的创新绩效，但同时有外部关系的民营企业也获得了政策性支持，例如可以获得更多的资金支持，这会在很大程度上促进跨国并购创新绩效。基于现有国家加大对民营企业支持，以及亲清型政企关系的建立，依靠社会关系获取的外部关系整体上会促进跨国并购创新绩效，因此，跨国并购动机并不能在外部关系与跨国并购创新绩效之间起到中介作用。此部分对跨国并购动机中介作用的探讨针对依靠股权获取的外部关系进行。结合第三章和第四章的研究，外部关系通过跨国并购动机进而作用于企业创新的路径如图5-1所示。

针对技术获取型跨国并购而言，无外部关系的民营企业和有外部关系的民营企业都会为了提升自身竞争能力进行技术获取型跨国并购，而技术获取型跨国并购会提升企业创新绩效，民营企业会通过促进技术获取型跨国并购动机促进最终的创新绩效。但是，民营企业和国有企业在经营能力和整合能力方面存在差异，

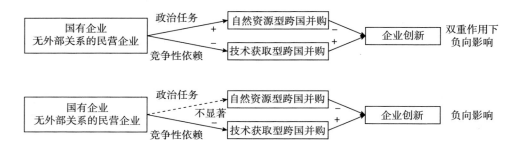

图 5-1　外部关系—跨国并购类型选择—企业创新作用机理

民营企业会因为更强的运营和整合能力直接作用于跨国并购创新绩效。因此，技术获取型跨国并购在外部关系与跨国并购创新绩效之间起到部分中介的作用。

　　针对自然资源型跨国并购而言，虽然有外部关系的民营企业会因为完成关系国计民生的政治任务，并承担战略性、基础性行业布局而进行一定的自然资源型跨国并购，但整体上与民营企业相比，国有企业会促进自然资源型跨国并购，进而对跨国并购创新绩效起到显著负向作用。与此同时，国有企业由于申请的专利往往研发任务周期较长，自主性要求比攻关型要求较强，会直接作用于企业创新，对企业创新起到负向作用。因此，自然资源型跨国并购在外部关系与跨国并购创新绩效之间起到部分中介的作用。根据上述分析做出如下假设：

　　H5-2a：在其他条件不变的情况下，技术获取型跨国并购在依靠股权关系获取的外部关系与企业创新之间起到部分中介的作用。

　　H5-2b：在其他条件不变的情况下，自然资源型跨国并购在依靠股权关系获取的外部关系与企业创新之间起到部分中介的作用。

三、依靠社会关系获取的外部关系作用路径分析

　　通过第三章得到的外部关系与跨国并购动机相关结论发现，有外部关系的民营企业和无外部关系的民营企业两者之间在技术获取型跨国并购动机方面不存在显著差异。有外部关系的民营企业虽然作为交换条件需要完成一定的政府交办任务，这会损害跨国并购的创新绩效，但同时有外部关系的民营企业也获得了政策性支持，例如可以获得更多的资金支持，这会在很大程度上促进跨国并购创新绩

跨国并购动机与企业创新

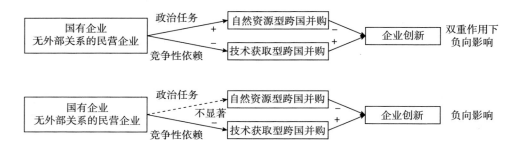

图 5-1　外部关系—跨国并购类型选择—企业创新作用机理

效。基于现有国家加大对民营企业支持，以及亲清型政企关系的建立，依靠社会关系获取的外部关系整体上会促进跨国并购创新绩效，因此，跨国并购动机并不能在外部关系与跨国并购创新绩效之间起到中介作用。

依靠社会关系获取的外部关系整体上会促进企业跨国并购创新绩效，其虽然会因为承担部分关系国计民生的政治任务，并承担战略性、基础性行业布局而对创新绩效产生一定的损害，但是由于会得到政策性支持，最终还是有利于企业创新。由于跨国并购需要大量的资金进行支持，这种政策性支持很大程度上就体现为资金方面的支持。正是因为有足够的支持，有外部关系的民营企业有更充足的资金进行研发投入，最终会体现为吸收能力的提升。这种吸收能力一方面会促进技术获取型跨国并购对企业创新提升，这一作用在第四章已经得到验证；另一方面会直接作用于企业创新。其具体作用路径如图5-2所示。

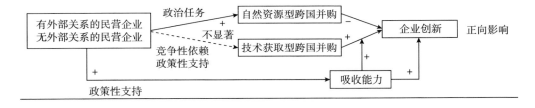

图5-2 依靠社会关系获取的外部关系作用路径

H5-3：在其他条件不变的情况下，吸收能力在依靠社会关系获取的外部关系与企业创新之间起到部分中介作用。

第二节 数据来源及实证模型

一、数据来源

跨国并购是受政府政策主导的企业行为，在我国境外投资兴起之初，只允许国有企业进行海外投资，但是随着改革开放和中国加入WTO，我国对民营企业跨国并购的管制已放开，这激励了民营企业的跨国并购。因此，为探究不同类型外部关系企业对跨国并购动机的影响，本书不选取年份较早的跨国并购，为了排除2008年国际金融危机和2020年新冠疫情的影响，最终选取2009~2018年A股上市公司的数据。本章研究需要的数据主要是从BVD（Zephyr）全球并购交易数据库、国泰安经济金融研究数据库（CSMAR）以及万德数据库（WIND）三个数据库获取。具体而言，首先，与跨国并购相关的数据来自BVD（Zephyr）全球并购交易数据库，包括跨国并购双方的名称、并购状态以及并购标的金额等相关信息。其次，外部关系相关数据以及与企业经营状况、公司治理相关的数据来自国泰安数据库和万德数据库。针对具体的数据处理，本书参考陈岩等（2019）的研究方法做出如下处理：一是删除跨国并购相关数据存在缺失的样本；二是删除2009~2018年退市以及处于ST状态的企业样本；三是删除金融类上市企业样本；四是删除总资产小于固定资产以及资不抵债的企业样本；五是删除包括开曼群岛、英属维京群岛等具有争议的并购样本。

本书探究的是不同类型外部关系通过跨国并购动机最终对创新绩效产生影响的路径，进行的是不同类型外部关系之间跨国并购创新绩效的比较，因此保留样本期间至少进行过1次跨国并购的数据。最终得到的样本中包括302家A股上市企业的2595条观测值，具体而言，90家企业是国有企业（881条观测值），71家企业是有外部关系的民营企业（600条观测值），剩下的是141家无外部关系的民营企业（1114条观测值），由于外部关系相对稳定，三类企业无重合。

二、变量测量

1. 被解释变量

企业创新。目前研究对于企业创新的衡量一般采用与专利相关的数据，具体包括专利申请、授权以及引用等。具体选用哪个指标需要结合研究特征进行分析，因为进行跨国并购之后需要较长时间进行整合然后才能转化为授权并最终被引用，因此本书选择最为直接表示企业创新水平的专利申请指标进行衡量。此外，因为跨国并购转化为专利申请仍需一定的时间，因此参考现有相关研究，本书最终选取滞后一期的专利申请水平作为被解释变量（Chang 等，2015；高厚宾和吴先明，2018），具体为滞后一期的专利申请总数的自然对数。

2. 解释变量

外部关系。本书将外部关系分为依靠股权关系获取的外部关系以及依靠社会关系获取的外部关系。依靠股权关系获取的外部关系为国有企业，最终控制方是政府，用虚拟变量0-1表示。依靠社会关系获取的外部关系为有外部关系的民营企业，用虚拟变量0-1表示。对外部关系依靠社会关系获取的外部关系的衡量方法，以高管是否与政府存在联系为标准（Sun 等，2016）。关于高管范围的界定，由于跨国并购需要最高层管理者决策，因此高管指的是最高级别的董事长或CEO。具体的衡量方法为，董事长或CEO曾经在国家或者省级公共行政机构工作，包括国务院及下属各部委、司局、委员会等（Liang 等，2015）；曾经或目前正在国家或省部级立法部门或相似机构工作，如全国人大代表或全国政协委员。

3. 中介变量

技术获取型跨国并购。若企业在并购公告中明确提出以获取某项技术为目的（高厚宾和吴先明，2018），则为技术获取型跨国并购。衡量在所有观测年度内是否进行技术获取型跨国并购，用虚拟变量0-1表示（Liang 等，2015），只要在所有观测年度内的某一观测年度进行技术获取型跨国并购则赋值为1，否则赋值为0。时间变量1，若在某观测年度进行技术获取型跨国并购，则此年度及以后赋值为1，此年度之前赋值为0。

自然资源型跨国并购。若企业在并购公告中明确提出以获取某自然资源为目的（高厚宾和吴先明，2018），则为自然资源型跨国并购。衡量在所有观测年度内是否进行自然资源型跨国并购，用虚拟变量0-1表示（Liang 等，2015），只要在所有观测年度内的某一观测年度进行自然资源型跨国并购则赋值为1，否则赋值为0。时间变量2，若在某观测年度进行自然资源型跨国并购，则此年度及以后赋值为1，此年度之前赋值为0。

吸收能力。本章参考 Kostopoulos 等（2011）采用的方法，用实施跨国并购当年研发投入的自然对数进行衡量。

4. 控制变量

为了更好地研究不同类型的跨国并购对企业创新的影响，需在模型中控制其他能够对企业创新绩效产生影响的因素，企业自身所具有的财务等状况直接决定了其对创新的投入程度，因此控制变量主要来自企业层面，此外还包含行业层面变量，处于不同行业的企业所具备的创新能力不同。对企业层面的因素而言，本章控制了财务杠杆、经营杠杆、股权结构以及企业规模等变量。其中，由于债权人的低风险偏好，其会限制企业进行具有高风险特征的企业创新行为。本书具体选择财务杠杆和经营杠杆进行衡量，前者表示总资产中负债占比情况，后者表示总资产中固定资产净值占比情况（Saunders 等，1990）。此外，企业一些其他基本情况也会产生影响，例如资产规模、成立年限、收入情况等是企业进行创新活动的基础，一般情况下企业资产规模越大、成立年限越长、收入越高便会拥有更多的资源对企业创新进行投入。对行业层面的因素而言，由于不同行业具有不同的属性，处在不同行业中的企业进行创新的能力天然存在一定的差异。具体的变量定义及测量如表 5-1 所示。

表 5-1　变量定义及测量

	变量名称	变量测量
因变量		
Innovation	企业创新	滞后一期的专利申请总数的自然对数
解释变量		
AsRight	依靠股权关系获取的外部关系	衡量是否为依靠股权关系获取的外部关系，即是否为国有企业，是则赋值为 1，否则赋值为 0
AcExchange	依靠社会关系获取的外部关系	衡量是否为依靠社会关系获取的外部关系，即是否为有外部关系的民营企业，是则赋值为 1，否则赋值为 0
中介变量		
Techdu	技术获取型跨国并购	衡量企业在所有观测年度内是否进行技术获取型跨国并购，只要在所有观测年度内的某一年度内进行则赋值为 1，否则赋值为 0

	变量名称	变量测量
中介变量		
Time1	时间变量1	衡量进行技术获取型跨国并购之后的影响,若在某观测年度进行技术获取型跨国并购则这一观测年度之后的年度全部赋值为1,之前全部赋值为0
Naturedu	自然资源型跨国并购	衡量企业在所有观测年度内是否进行自然资源型跨国并购,只要在所有观测年度内的某一年度内进行则赋值为1,否则赋值为0
Time2	时间变量2	衡量进行自然资源型跨国并购之后的影响,若在某观测年度进行自然资源型跨国并购则这一观测年度之后的年度全部赋值为1,之前全部赋值为0
Absorb	吸收能力	企业并购当年研发投入的自然对数
控制变量		
Age	企业年龄	企业创立年限,观测年度减成立年度
OLev	经营杠杆	固定资产净值占总资产的比例
FLev	财务杠杆	负债占总资产的比例
ROE	净资产收益率	净利润占净资产的比率
Topten	前十大股东持股所占比例	公司持股最多的十大股东所持股份所占比例
Number	员工规模	企业人数的自然对数
Income	主营业务收入	企业主营业务收入的自然对数
Industry	行业变量	按照证监会分类规则进行划分,制造业划分到次类,其余划分到门类
Year	年份变量	观测年度

资料来源:笔者整理。

三、模型设定

为探究不同类型外部关系对跨国并购创新绩效的影响,本章延续第三章的做法仍将企业分为三类,分别为国有企业、有外部关系的民营企业以及无外部关系的民营企业。根据第三章的研究结论,一方面,因为有外部关系的民营企业和无外部关系的民营企业在技术获取型跨国并购动机方面并无显著差异，因此，跨国并购动机在两类民营企业间不会起到中介作用，故而在探究依靠股权获取的外部关系对企业创新的影响时直接选用全样本进行探究，并将样本划分为国有企业和民营企业。另一方面，为进一步探究依靠社会关系获取的外部关系对跨国并购创新绩效的影响，进一步以两类民营企业构成的样本为对象进行探究。检验过程中，为避免因为逆向因果而导致的内生性问题，本书采用一般性做法，即采用滞后一期的专利申请数的自然对数为因变量（Jean 等，2016），具体的模型设定如下，检验过程中需要关注系数 α_1 是否显著。

$$Innovation_{i,1+t} = \alpha_0 + \alpha_1 AsRight_{i,t} + \alpha_2 Size_{i,t} + \alpha_3 Age_{i,t} + \alpha_4 OLev_{i,t} + \alpha_5 Flev_{i,t} + \alpha_6 ROE_{i,t} +$$
$$\alpha_7 Topten_{i,t} + \alpha_8 Number_{i,t} + \alpha_9 Income_{i,t} + \alpha_{10} Industry_{i,t} + \alpha_{11} Year_{i,t} + \varepsilon_{i,t} \quad (5-1)$$

$$Innovation_{i,1+t} = \alpha_0 + \alpha_1 AcExchange_{i,t} + \alpha_2 Size_{i,t} + \alpha_3 Age_{i,t} + \alpha_4 OLev_{i,t} + \alpha_5 Flev_{i,t} + \alpha_6 ROE_{i,t} +$$
$$\alpha_7 Topten_{i,t} + \alpha_8 Number_{i,t} + \alpha_9 Income_{i,t} + \alpha_{10} Industry_{i,t} + \alpha_{11} Year_{i,t} + \varepsilon_{i,t} \quad (5-2)$$

第三节　数据分析

一、描述性统计

在对所提假设进行检验之前，首先进行描述性检验，主要是为了检验解释变量以及控制变量之间是否存在多重共线性，具体的描述性统计及皮尔逊相关系数结果如表 5-2 所示。用变量之间的皮尔逊相关系数衡量是否存在多重共线性问题，当系数小于 0.75 时通过检验（Sun 等，2016）。根据表 5-2 的结果可以看到，相关系数均小于 0.75，且多数小于 0.1，表明变量之间不存在显著的多重共线性。此外，企业创新与依靠社会关系获得的外部关系的皮尔逊相关系数显著为正，这初步验证了依靠社会关系获得的外部关系对企业创新的促进作用。

表 5-2　描述性统计及皮尔逊相关系数结果

变量名称	1	2	3	4	5	6	7	8	8	10	11
1Innovation	1.000										
2AsRight	0.011	1.000									
3AcExchange	0.092***	-0.383***	1.000								
4Size	0.252***	0.516***	-0.187***	1.000							
5Age	0.030	0.229***	-0.146***	0.386***	1.000						
6OLev	0.029	0.097***	-0.020	0.001	0.032	1.000					
7Flev	0.006	0.020	0.024	0.053	0.038	0.061**	1.000				
8ROE	0.065***	0.024	0.006	0.029	-0.001	-0.241***	-0.123***	1.000			
9Topten	-0.093***	0.078***	-0.079***	0.176***	-0.128***	-0.050**	-0.072***	0.087***	1.000		
10Number	0.473***	0.397***	-0.077***	0.595	0.213***	0.014	0.042**	0.051***	0.113***	1.000	
11Income	0.423***	0.481***	-0.151***	0.089	0.291***	-0.011***	0.044**	0.045**	0.130**	0.665	1.000
平均值	3.030	0.333	0.227	22.804	15.364	1.601	1.363	0.465	0.617	8.202	22.050
标准误	2.007	0.471	0.419	1.978	6.044	1.913	2.602	0.154	0.542	1.542	1.806

注：*、**和***分别表示在10%、5%和1%的水平上显著。

资料来源：笔者整理。

二、不同类型外部关系对跨国并购创新绩效作用检验

为验证不同类型外部关系对跨国并购创新绩效的影响，首先对主效应进行检验，结果如表5-3所示。模型1以全部企业为样本，将企业分为国有企业和民营企业，检验依靠股权关系获取的外部关系（国有企业）对跨国并购创新绩效的影响，其系数为-0.631，且在1%水平下显著，说明国有企业显著降低了跨国并购创新绩效，民营企业跨国并购创新绩效显著高于国有企业跨国并购创新绩效。原因可能是国有企业与民营企业的创新机制是不同的，本书绩效用专利数量衡量，而国有企业申请的专利往往研发任务周期较长，自主性要求比攻关型要求较强。模型2在模型1检验的基础上，进一步检验两类民营企业中何种企业的跨国并购创新绩效更高，因此以民营企业为样本进行检验。检验结果显示，依靠社会关系获取的外部关系（有外部关系的民营企业）的系数为0.286，且在1%水平下显著，说明有外部关系的民营企业显著促进了跨国并购创新绩效。假设5-1a和假设5-1b得到验证。

表5-3　不同类型外部关系对跨国并购创新绩效作用的检验

样本	国有企业 VS 民营企业	有外部关系的民营企业 VS 无外部关系的民营企业
模型	1	2
因变量	Innovation	Innovation
AsRight	-0.631 *** (0.084)	
AcExchange		0.286 *** (0.079)
Size	-0.411 *** (0.048)	0.271 *** (0.078)
Age	-0.003 (0.006)	0.002 (0.007)
OLev	0.030 (0.030)	-0.063 * (0.036)
FLev	0.001 (0.018)	0.019 (0.029)

续表

样本	国有企业 VS 民营企业	有外部关系的民营企业 VS 无外部关系的民营企业
模型	1	2
因变量	Innovation	Innovation
ROE	0.920*	1.279**
	(0.542)	(0.607)
Toppten	−1.778***	−0.392
	(0.241)	(0.278)
Number	0.604***	0.651***
	(0.044)	(0.055)
Income	0.549***	−0.021
	(0.054)	(0.077)
Constant	−4.017***	−7.531***
	(0.687)	(0.915)
Industry	Yes	Yes
Year	Yes	Yes
N	2595	2595
Adj-R^2	0.3413	0.3508

注：括号内为标准误，*、**和***分别表示在10%、5%和1%的水平上显著。

三、跨国并购动机的中介效应检验

通过第四章的研究得到结论技术获取型跨国并购促进企业创新。那么民营企业通过跨国并购类型选择是否影响最终的并购创新绩效，其作用机理如何，本书通过技术跨国并购中介效应检验对上述问题做出回答，具体结果如表5-4所示。模型1检验民营企业对跨国并购创新绩效的影响，其系数为0.631，在1%水平下显著，说明民营企业显著提升了跨国并购创新绩效。模型2将技术获取型跨国并购放入模型，其系数为0.767，且在1%的水平下显著，说明技术获取型跨国并购显著提升了企业创新。模型3将自变量和中介变量同时放入模型中，可以看到自变量和中介变量的系数仍旧显著，但是自变量的系数变为0.373，显著减小，说明技术获取型跨国并购起到部分中介的作用。即民营企业一部分通过选择技术获取型跨国并购促进企业创新，另一部分可能直接依靠自身高效的组织、运营等能力作用于企业创新。假设 5-2a 得到验证。

表 5-4　技术获取型跨国并购的中介效应检验

模型	1	2	3
因变量	Innovation	Innovation	Innovation
Minying	0.631*** (0.084)		0.373*** (0.088)
Techdu * Time1		0.767*** (0.071)	0.660*** (0.075)
Size	-0.411*** (0.048)	-0.465*** (0.047)	-0.431*** (0.047)
Age	-0.003 (0.006)	-0.015** (0.063)	-0.013** (0.006)
OLev	0.030 (0.030)	0.039 (0.029)	0.039 (0.030)
FLev	0.001 (0.018)	-0.004 (0.017)	0.002 (0.017)
ROE	0.920* (0.542)	1.417*** (0.531)	1.133** (0.533)
Toppten	-1.778*** (0.241)	-1.632*** (0.238)	-1.649*** (0.238)
Number	0.604*** (0.044)	0.609*** (0.043)	0.592*** (0.043)
Income	0.549*** (0.054)	0.508*** (0.053)	0.539*** (0.054)
Constant	-4.017*** (0.687)	-1.726*** (0.581)	-3.246*** (0.681)
Industry	Yes	Yes	Yes
Year	Yes	Yes	Yes
N	2595	2595	2595
Adj-R^2	0.3413	0.3495	0.3521

注：括号内为标准误，*、**和***分别表示在10%、5%和1%的水平上显著。

通过第三章的研究得到结论，在条件一定的情况下，与有外部关系的民营企业和无外部关系的民营企业相比，国有企业更倾向于进行自然资源型跨国并购。通过第四章的研究得到自然资源型跨国并购不利于企业创新。那么国有企业通过跨国并购类型选择是否影响最终的并购创新绩效，其作用机理如何，本书通过自然资源型跨国并购中介效应检验对上述问题做出回答，具体结果如表 5-6 所示。模型 1 检验国有企业对跨国并购创新绩效的影响，系数为 -0.631，且在 1% 水平下显著，说明依靠股权关系获得的外部关系显著降低了跨国并购创新绩效。模型 2 将自然资源型跨国并购放入模型，系数为 -0.345，且在 1% 水平下显著。模型 3 将自变量和中介变量同时放入模型中，可以看到自变量和中介变量的系数仍旧显著，但是自变量的系数变为 -0.595，显著减小，说明自然资源型跨国并购起到部分中介的作用。即国有企业部分通过选择自然资源型跨国并购作用于企业创新，假设 5-2b 得到验证。

表 5-5 自然资源型跨国并购的中介效应检验

模型	1	2	3
因变量	Innovation	Innovation	Innovation
Guoqi	-0.631*** (0.084)		-0.595*** (0.086)
Naturedu * Time1		-0.345*** (0.048)	-0.190** (0.101)
Size	-0.411*** (0.048)	-0.459*** (0.048)	-0.410*** (0.048)
Age	-0.003 (0.006)	-0.002 (0.006)	-0.001 (0.006)
OLev	0.030 (0.030)	0.028 (0.030)	0.031 (0.030)
FLev	0.001 (0.018)	-0.008 (0.018)	0.002 (0.018)
ROE	0.920* (0.542)	1.113** (0.549)	0.792 (0.546)

模型	1	2	3
因变量	Innovation	Innovation	Innovation
Toppten	-1.778*** (0.241)	-1.768*** (0.244)	-1.769*** (0.241)
Number	0.604*** (0.044)	0.632*** (0.044)	0.602*** (0.044)
Income	0.549*** (0.054)	0.514*** (0.055)	0.557*** (0.055)
Constant	-4.017*** (0.687)	-1.918*** (0.615)	-3.581*** (0.655)
Industry	Yes	Yes	Yes
Year	Yes	Yes	Yes
N	2595	2595	2595
Adj-R^2	0.3413	0.3416	0.3440

注：括号内为标准误，*、**和***分别表示在10%、5%和1%的水平上显著。

综上所述，依靠股权关系获取的外部关系通过影响跨国并购动机，即跨国并购类型选择，最终影响跨国并购的创新绩效，技术获取型跨国并购和自然资源型跨国并购都起到部分中介的作用。通过对主效应的检验发现，依靠股权关系获取的外部关系会对跨国并购创新绩效产生负向影响，说明民营企业对跨国并购创新绩效的促进作用大于国有企业。进一步聚焦民营企业进行研究发现，有外部关系的民营企业对跨国并购创新绩效的促进作用大于无外部关系的民营企业。但有外部关系的民营企业和无外部关系的民营企业在技术获取型跨国并购动机方面却无显著差异，说明其不是通过跨国并购动机最终作用于跨国并购创新绩效。在亲清型政企关系背景下，根据"资源效应"观点，其更多是通过政策性支持发挥作用，具体作用路径的检验将在下一部分展示。

四、依靠社会关系获取的外部关系作用路径检验

依靠社会关系获取的政策支持究竟如何发挥作用仍需进一步验证，政策支持通过提供充分的资金保障促进吸收能力的提升，这会直接提升企业创新绩效。有观点认为构建外部关系需付出大量成本，这反而会损害企业跨国并购创新绩效，因此，外部关系提供的政策性支持究竟能否发挥主导作用，关键要看其能否通过提升吸收能力进一步提升跨国并购创新绩效，具体结果如表5-6所示，继续采用分步检验的方法对中介效应进行检验。模型1检验有外部关系的民营企业对跨国并购创新绩效的影响，系数为0.286，且在1%水平下显著，说明依靠社会关系获取的外部关系显著提升了跨国并购创新绩效。模型2将吸收能力放入模型，其系数为8.913，且在1%水平下显著，说明吸收能力可直接作用于企业创新，显著提升了企业创新绩效。模型3将自变量和中介变量同时放入模型中，可以看到自变量和中介变量的系数仍旧显著，但是自变量的系数变为0.268，显著减小，说明吸收能力在外部关系与跨国并购创新绩效之间起到部分中介作用，假设5-3得到验证。

表5-6　依靠社会关系获取的外部关系作用路径的检验

模型	1	2	3
因变量	Innovation	Innovation	Innovation
AcExchange	0.286*** (0.079)		0.268*** (0.078)
Absorb		8.913*** (1.621)	8.772*** (1.615)
Size	0.271*** (0.078)	0.390*** (0.079)	0.406*** (0.079)
Age	0.002 (0.007)	-0.003 (0.007)	-0.001 (0.007)
OLev	-0.063* (0.036)	-0.047 (0.036)	-0.050 (0.036)
FLev	0.019 (0.029)	0.007 (0.028)	0.003 (0.028)
ROE	1.279** (0.607)	1.165* (0.629)	1.151* (0.626)

模型	1	2	3
因变量	Innovation	Innovation	Innovation
Toppten	-0.392 (0.278)	-0.362 (0.277)	-0.258 (0.277)
Number	0.651*** (0.055)	0.552*** (0.057)	0.528*** (0.057)
Income	-0.021 (0.077)	-0.054 (0.078)	-0.056 (0.078)
Constant	-7.531*** (0.915)	-8.547*** (0.934)	-8.884*** (0.936)
Industry	Yes	Yes	Yes
Year	Yes	Yes	Yes
N	2595	2595	2595
Adj-R^2	0.3508	0.3634	0.3687

注：括号内为标准误，＊、＊＊和＊＊＊分别表示在10%、5%和1%的水平上显著。

综上所述，依靠股权关系获得的外部关系部分通过跨国并购动机，即跨国并购类型选择，作用于最终的创新绩效。而依靠社会关系获取的外部关系虽然也会因完成政府交办任务，促进自然资源型跨国并购动机，一定程度上损害创新效率，但更多的仍是因为获得政策支持而得到的"资源效应"，具体体现在拥有更充足的资金进行研发投入，从而提升企业吸收能力，这会直接作用于跨国并购创新绩效。此外，这还与企业规模与市场基础有关，因为依靠社会关系获取的外部关系的企业，市场规模本身比较庞大，前期专利积累较多。有外部关系的民营企业通过吸收能力对跨国并购创新绩效的提升，也在一定程度上验证了亲清型政企关系的建立获得了一定的成效。

五、稳健性检验

可能存在某种未考虑到的控制变量与因变量之间存在互为因果的问题，为控制因为遗漏某控制变量而导致的内生性问题，本书继续采用固定效应模型对上述主效应和调节效应进行检验（谭洪涛等，2016）。若经过固定效应模型检验的主效应及调节效应仍旧显著，那么便可以在一定程度上控制因为遗漏某些控制变量而存在的互为因果的内生性问题。

首先是对主效应的稳健性检验，结果如表5-7所示。模型1以全部企业为样本，将企业分为国有企业和民营企业，检验依靠股权关系获取的外部关系（国有企业）对跨国并购创新绩效的影响，其系数为-0.364，且在1%水平下显著，说明国有企业显著降低了跨国并购创新绩效，民营企业跨国并购创新绩效显著高于国有企业跨国并购创新绩效。模型2在模型1检验的基础上，进一步检验两类民营企业中何种企业的跨国并购创新绩效更高，因此以民营企业为样本进行检验。检验结果显示，依靠社会关系获取的外部关系（有外部关系的民营企业）的系数为0.270，且在1%水平下显著，说明有外部关系的民营企业显著促进了跨国并购创新绩效。假设5-1a和假设5-1b在固定效应模型下再次得到验证，结果具有稳健性。

表5-7 不同类型外部关系对跨国并购创新绩效的稳健性检验（固定效应）

样本	国有企业 VS 民营企业	有外部关系的民营企业 VS 无外部关系的民营企业
模型	1	2
因变量	Innovation	Innovation
AsRight	-0.364 *** (0.084)	
AcExchange		0.270 *** (0.079)
Size	-0.423 *** (0.048)	0.201 *** (0.079)
Age	-0.033 *** (0.007)	-0.018 ** (0.008)
OLev	0.032 (0.030)	-0.058 (0.036)

续表

样本	国有企业 VS 民营企业	有外部关系的民营企业 VS 无外部关系的民营企业
模型	1	2
因变量	Innovation	Innovation
FLev	−0.001	0.022
	(0.017)	(0.029)
ROE	1.967***	1.913***
	(0.540)	(0.612)
Toppten	−1.930***	−0.563**
	(0.237)	(0.278)
Number	0.621***	0.703***
	(0.043)	(0.055)
Income	0.489***	−0.059
	(0.054)	(0.077)
Constant	−1.571**	−5.259***
	(0.657)	(0.984)
Industry	Yes	Yes
Year	Yes	Yes
N	2595	2595
Adj-R^2	0.3497	0.3553

注：括号内为标准误，＊、＊＊和＊＊＊分别表示在10%、5%和1%的水平上显著。

表 5-8 是技术获取型跨国并购中介效应稳健性检验的结果，仍然采用分步法进行检验。模型 1 检验民营企业对跨国并购创新绩效的影响，其系数为 0.364，且在 1%水平下显著，说明民营企业显著提升了跨国并购创新绩效。模型 2 将技术获取型跨国并购放入模型，其系数为 0.496，且在 1%的水平下显著，说明技术获取型跨国并购显著提升了企业创新。模型 3 将自变量和中介变量同时放入模型中，可以看到自变量和中介变量的系数仍旧显著，但是自变量的系数变为 0.237，显著减小，说明技术获取型跨国并购起到部分中介的作用。即民营企业部分通过选择技术获取型跨国并购促进企业创新，假设 5-2a 在固定效应模型下再次得到验证，结果具有稳健性。

表 5-8 技术获取型跨国并购的中介效应的稳健性检验（固定效应）

模型	1	2	3
因变量	Innovation	Innovation	Innovation
Minying	0.364*** (0.086)		0.237*** (0.089)
Techdu * Time1		0.496*** (0.077)	0.442*** (0.079)
Size	-0.423*** (0.047)	-0.459*** (0.046)	-0.437*** (0.047)
Age	-0.033*** (0.007)	-0.037*** (0.007)	-0.034** (0.007)
OLev	0.032 (0.030)	0.038 (0.030)	0.038 (0.029)
FLev	-0.001*** (0.017)	-0.004 (0.017)	-0.000 (0.017)
ROE	1.967*** (0.540)	2.149*** (0.530)	1.926*** (0.536)
Toppten	-1.930*** (0.237)	-1.813*** (0.237)	-1.816*** (0.236)
Number	0.621*** (0.043)	0.622*** (0.043)	0.610*** (0.043)
Income	0.489*** (0.054)	0.474*** (0.053)	0.495*** (0.053)
Constant	-1.935*** (0.702)	-0.755 (0.583)	-1.780*** (0.698)
Industry	Yes	Yes	Yes
Year	Yes	Yes	Yes
N	2595	2595	2595
Adj-R^2	0.3497	0.3565	0.3585

注：括号内为标准误，*、**和***分别表示在10%、5%和1%的水平上显著。

表 5-9 是自然资源型跨国并购中介效应稳健性检验的结果表，仍然采用分步法进行检验。模型 1 检验的是国有企业对跨国并购创新绩效的影响，其系数为

-0.364，且在 1% 水平下显著，这说明国有企业显著降低了跨国并购创新绩效。模型 2 将自然资源型跨国并购放入模型，其系数为 -0.486，且在 1% 水平下显著，说明自然资源型跨国并购显著降低跨国并购创新绩效。模型 3 将自变量和中介变量同时放入模型中，可以看到自变量和中介变量的系数仍旧显著，但是自变量的系数变为 -0.270，且在 1% 的水平下显著，自变量的系数显著减小，说明自然资源型跨国并购起到部分中介的作用。即国有企业部分通过选择自然资源型跨国并购作用于企业创新，假设 5-2b 在固定效应模型下再次得到验证，结果具有稳健性。

表 5-9　自然资源型跨国并购中介效应的稳健性检验（固定效应）

模型	1	2	3
因变量	Innovation	Innovation	Innovation
Guoqi	−0.364 *** (0.084)		−0.270 *** (0.089)
Naturedu * Time1		−0.486 *** (0.097)	−0.407 *** (0.101)
Size	−0.423 *** (0.048)	−0.441 *** (0.047)	−0.419 ** (0.047)
Age	−0.033 *** (0.007)	−0.035 *** (0.007)	−0.032 *** (0.007)
OLev	0.032 (0.030)	0.033 (0.029)	0.034 (0.029)
FLev	−0.001 (0.017)	−0.003 (0.017)	0.001 (0.017)
ROE	1.967 *** (0.540)	1.988 *** (0.536)	1.1768 *** (0.540)
Toppten	−1.930 *** (0.237)	−1.934 *** (0.237)	−1.922 *** (0.236)
Number	0.621 *** (0.043)	0.632 *** (0.043)	0.618 *** (0.043)
Income	0.489 *** (0.054)	0.479 *** (0.053)	0.501 *** (0.054)
Constant	−1.571 ** (0.657)	−1.032 *** (0.600)	−1.866 *** (0.659)
Industry	Yes	Yes	Yes

续表

模型	1	2	3
因变量	Innovation	Innovation	Innovation
Year	Yes	Yes	Yes
N	2595	2595	2595
Adj-R^2	0.3497	0.3518	0.3544

注：括号内为标准误，*、**和***分别表示在10%、5%和1%的水平上显著。

　　表5-10是吸收能力中介效应稳健性检验的结果，仍旧采用分步法进行检验。模型1检验有外部关系的民营企业对跨国并购创新绩效的影响，其系数为0.270，且在1%水平下显著，说明依靠社会关系获取的外部关系显著提升了跨国并购创新绩效。模型2将吸收能力放入模型，系数为7.010，且在1%水平下显著，说明吸收能力可直接作用于企业创新，显著提升了企业创新绩效。模型3将自变量和中介变量同时放入模型中，可以看到自变量和中介变量的系数仍旧显著，但是自变量的系数变为0.266，且在1%水平下显著，自变量系数显著减小，说明吸收能力在外部关系与跨国并购创新绩效之间起到部分中介作用。即依靠社会关系获得的外部关系部分通过吸收能力作用于跨国并购创新绩效，假设5-3在固定效应模型下再次得到验证，结果具有稳健性。

表5-10　依靠社会关系获取的外部关系作用路径的稳健性检验（固定效应）

模型	1	2	3
因变量	Innovation	Innovation	Innovation
AcExchange	0.270*** (0.078)		0.266*** (0.077)
Absorb		7.010*** (1.761)	6.879*** (1.755)
Size	0.201*** (0.079)	0.341*** (0.081)	0.359*** (0.081)
Age	-0.018** (0.008)	-0.013* (0.008)	-0.010 (0.008)

续表

模型	1	2	3
因变量	Innovation	Innovation	Innovation
OLev	−0.058*	−0.048	−0.051
	(0.036)	(0.036)	(0.036)
FLev	0.022	0.008	0.004
	(0.029)	(0.028)	(0.028)
ROE	1.913***	1.464**	1.442**
	(0.612)	(0.642)	(0.639)
Topten	−0.563**	−0.427	−0.323
	(0.278)	(0.279)	(0.280)
Number	0.703***	0.595***	0.571***
	(0.055)	(0.058)	(0.059)
Income	−0.059	−0.069	−0.071
	(0.077)	(0.079)	(0.079)
Constant	−5.259***	−7.315***	−7.669***
	(0.984)	(1.020)	(1.020)
Industry	Yes	Yes	Yes
Year	Yes	Yes	Yes
N	2595	2595	2595
Adj-R2	0.3553	0.3649	0.3702

注：括号内为标准误，*、**和***分别表示在10%、5%和1%的水平上显著。

第四节　本章小结

总体而言，依靠股权关系获取的外部关系对跨国并购创新绩效起到显著负向作用，依靠社会关系获取的外部关系对跨国并购创新绩效起到显著正向作用。技术获取型跨国并购及自然资源型跨国并购在依靠股权关系获取的外部关系与企业创新之间起到部分中介的作用。吸收能力在依靠社会关系获取的外部关系与企业创新之间起到部分中介作用。

　　通过对主效应的检验发现，依靠股权关系获取的外部关系对跨国并购创新绩效产生负向影响，说明民营企业对跨国并购创新绩效的促进作用大于国有企业。进一步聚焦民营企业进行检验发现，有外部关系的民营企业对跨国并购创新绩效的促进作用大于无外部关系的民营企业，说明依靠社会关系获取的外部关系会促进跨国并购创新绩效。整体上看，有外部关系的民营企业对跨国并购创新绩效的促进作用最高，无外部关系的民营企业对跨国并购创新绩效的促进作用处于中间位置，国有企业对跨国并购创新绩效的促进作用最低。

　　由于有外部关系的民营企业和无外部关系的民营企业在技术获取型跨国并购动机方面并无显著差别，且有外部关系的民营企业对跨国并购创新绩效起到促进作用，说明依靠社会关系不是通过跨国并购动机最终作用于跨国并购创新绩效。所以，对跨国并购动机的检验针对国有企业和民营企业进行。国有企业一方面通过促进自然资源型跨国并购进而降低跨国并购创新绩效，另一方面通过抑制技术获取型跨国并购进而降低跨国并购创新绩效。上述起到的都是部分中介，跨国并购动机一部分解释了外部关系对跨国并购创新绩效的作用，另一部分可能与企业自身的经营效率相关。国有企业是政府参与和干预国家经济的一种重要工具与手段，是政府针对出现或可能出现的市场失效问题而代表公众利益所采取的诸多政策举措的一种。国有企业积极参与国际市场的并购重组，在全球配置资源，通过进行资源型跨国并购活动，提高与跨国公司竞争的能力，可实现业务规模扩大和优势互补，同时，还能够保持已有的市场地位。这会使国有企业能够有充足的资金投入研发活动，进而间接作用于企业的创新绩效，这说明自然资源型跨国并购在依靠股权关系获取的外部关系与企业创新之间起部分中介作用。而依靠社会关系获取的外部关系虽然会因完成政府交办任务，促进自然资源型跨国并购动机，在一定程度上损害创新效率，但更多的仍是因为获得政策支持而促进"资源效应"，具体体现在拥有更充足的资金进行研发投入，从而提升企业吸收能力，这会直接作用于跨国并购创新绩效。有外部关系的民营企业通过吸收能力对跨国并购创新绩效的提升，也在一定程度上验证了建立亲清型政企关系获得了一定的成效。

第六章 结论与建议

第一节 研究结论

本书通过对 302 家 A 股上市企业的 2595 条观测值进行数据分析，并结合资源依赖理论和制度理论，构建了中国制度情境下"外部关系—跨国并购—企业创新"的研究框架，以资源依赖理论和制度理论为研究基础，探究不同类型的外部关系对跨国并购动机的不同影响，不同类型的跨国并购动机对企业创新绩效的影响，以及外部关系如何通过影响企业跨国并购动机进而影响企业创新的路径。研究发现：

第一，本书依据资源依赖理论，对不同类型的外部关系对企业跨国并购动机的作用机理进行探讨。研究表明，国有企业进行跨国并购的动机最弱，有外部关系的民营企业进行跨国并购的动机更强，无政治关联的民营企业进行跨国并购的动机处于三者中间。针对具体的跨国并购类型而言，与无外部关系的民营企业相比，国有企业进行技术获取型跨国并购的动机更弱，进行自然资源型跨国并购的动机更强；与有外部关系的民营企业相比，国有企业进行技术获取型跨国并购的动机更弱；与无外部关系的民营企业相比，有外部关系的企业进行技术获取型跨国并购的动机并未更弱，但进行自然资源型跨国并购的动机更强；与无外部关系的民营企业相比，有外部关系的民营企业有更强的动机进行自然资源型跨国并购。对关系国计民生的自然资源型跨国并购而言，"一带一路"倡议直接影响跨国并购动机。对技术获取型跨国并购而言，知识产权制度距离影响知识合法性获取，进而影响是否选择进行技术获取型跨国并购。

第二，技术获取型跨国并购显著促进企业创新，自然资源型跨国并购显著抑制企业创新；吸收能力对技术获取型跨国并购对企业创新的影响起正向调节作用。基于知识基础观，技术获取型跨国并购可通过丰富知识内容、提升知识学习以及促进知识协同最终促进企业创新。针对技术获取型跨国并购而言，其对企业创新的提升效果取决于并购方对目标企业技术的整合利用效果，受到两方面因素的影响。具体而言，知识产权制度距离越小，并购方获取合法性的难度越小，对技术提升的效果越明显；吸收能力越强，并购方进行整合的能力越强，对技术提升的效果也就越明显。

第三，依靠股权关系获取的外部关系对跨国并购创新绩效起到显著负向作用；依靠社会关系获取的外部关系对跨国并购创新绩效起到显著正向作用。技术获取型跨国并购及自然资源型跨国并购在依靠股权关系获取的外部关系与企业创新之间起到部分中介作用；吸收能力在依靠社会关系获取的外部关系与企业创新之间起到部分中介作用；依靠社会关系获取的外部关系会直接作用于跨国并购创新绩效；依靠股权关系获得的外部关系部分通过跨国并购动机作用于最终的创新绩效。具体的解释机理如图 6-1 所示。

第四，本书依据制度理论，从如何发挥制度优势角度探讨了不同类型的跨国并购应重点关注的不同的制度类型。对技术获取型跨国并购而言，知识产权制度距离影响知识合法性获取，进而影响是否选择进行技术获取型跨国并购。知识产权制度距离越小，越容易获得合法性，越有可能进行技术获取型跨国并购。结果还表明：在其他条件不变的情况下，知识产权制度距离对技术获取型跨国并购对企业创新的影响起到负向调节作用，知识产权制度距离越小，技术获取型跨国并购越有可能促进企业创新。

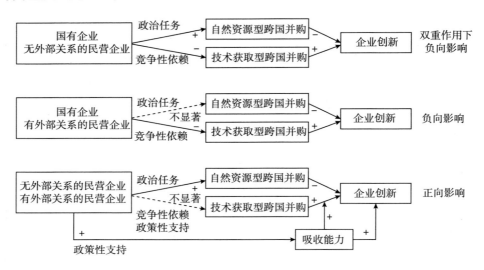

图 6-1 研究结论解释机理

第二节 研究贡献

一、理论贡献

第一，本书研究表明，不同类型外部关系对跨国并购动机存在不同的影响。根据外部关系不同的形成方式，将外部关系划分为依靠股权关系获取的外部关系（国有企业）和依靠社会关系获取的外部关系（有外部关系的民营企业）。并进一步依据资源依赖理论，将三类具有不同外部关系的企业放在一起，探讨其对跨国并购动机的影响，弥补了以往研究只针对其中一种外部关系进行探讨的不足。

一是与无外部关系的民营企业相比，依靠股权关系获取的外部关系对跨国并购动机起到显著的负向作用，表明国有企业整体上进行跨国并购的动机更弱。同时，结果表明依靠股权关系获取的外部关系对技术获取型跨国并购起到显著的负向作用，依靠股权关系获取的外部关系对能源型跨国并购起到显著的正向作用。这说明国有企业进行技术获取型跨国并购的动机更弱，进行自然资源型跨国并购的动机更强。二是与有外部关系的民营企业相比，依靠股权关系获取的外部关系对跨国并购动机起到显著的负向作用，对技术获取型跨国并购动机起到显著的负向作用，对能源型跨国并购动机并未起到显著的正向作用，表明与有外部关系的民营企业相比，国有企业进行跨国并购的动机更弱，进行技术获取型跨国并购的动机更弱，进行自然资源型跨国并购的动机并无显著差异。三是结果表明，与无外部关系的民营企业相比，依靠社会关系获取的外部关系对跨国并购动机起到显著的正向作用，对技术获取型跨国并购并未起到显著的负向作用，对自然资源型跨国并购起到显著的正向作用。这说明与无外部关系的民营企业相比，有外部关系的民营企业进行跨国并购的动机更强，进行技术获取型跨国并购的动机无显著差异，进行自然资源型跨国并购的动机更强。

第二，本书探讨了不同类型的跨国并购动机对企业创新的影响，弥补了现有跨国并购创新绩效研究将所有类型跨国并购放在一起进行探讨的不足。并聚焦技术获取型跨国并购对企业创新的影响，从整合难度及整合能力两个维度探讨了影响技术获取型跨国并购创新绩效的因素，丰富了技术获取型跨国并购创新绩效影响路径研究。

不同类型的跨国并购动机体现了企业进行跨国并购的不同目的，而跨国并购的目的直接影响最终的跨国并购绩效。技术获取型跨国并购能显著促进企业创新，基于知识基础观，技术获取型跨国并购可通过丰富知识内容、提升知识学习能力以及促进知识协同最终促进企业创新。由于自然资源型跨国并购的目的不是企业创新，而是承担国内战略性基础性行业布局任务，且国有企业申请的专利往往研发任务周期较长，自主性要求、攻关型要求比较强，因此不仅不能促进企业创新，反而因为占用了大量资源而不利于企业创新。总体上看，跨国并购是有利于企业创新的，这是因为在我国，技术获取型跨国并购已经成为跨国并购的主要类型，并且技术获取型跨国并购对企业技术的提升效果确实显著。针对技术获取型跨国并购而言，其对企业创新的提升效果取决于并购方对目标企业技术的整合利用效果，受到两方面因素的影响，一方面是知识产权制度距离，这决定了进行知识整合的难度，另一方面是企业吸收能力，这决定了企业进行知识整合的能力。具体而言，知识产权制度距离越小，并购方获取合法性的难度越小，对技术提升的效果越明显；吸收能力越强，并购方进行整合的能力越强，对技术提升的效果也就越明显。

第三，探讨了跨国并购动机对依靠股权关系获取的外部关系对跨国并购创新绩效的中介作用，并从"资源效应"出发，解释了依靠社会关系获取的外部关系对跨国并购创新绩效的作用路径，补充了外部关系对跨国并购绩效影响的相关研究。

由于有外部关系的民营企业和无外部关系的民营企业在技术获取型跨国并购动机方面并无显著差别，且有外部关系的民营企业对跨国并购创新绩效起到促进作用，说明依靠社会关系不是通过跨国并购动机最终作用于跨国并购创新绩效，因此，对跨国并购动机的检验针对国有企业和民营企业进行。国有企业一方面通过促进自然资源型跨国并购进而降低跨国并购创新绩效，另一方面通过抑制技术获取型跨国并购进而降低跨国并购创新绩效。上述起到的都是部分中介作用，跨国并购动机部分解释外部关系对跨国并购创新绩效的作用，另一部分可能与企业自身的经营效率相关。而依靠社会关系获取的外部关系虽然会因完成政府交办任务促进自然资源型跨国并购动机，一定程度上会损害创新效率，但更多的仍是因为获得政策支持而促进"资源效应"，具体体现在拥有更充足的资金进行研发投入，从而提升企业吸收能力，这会直接作用于跨国并购创新绩效。有外部关系的民营企业通过吸收能力对跨国并购创新绩效的提升，也在一定程度上验证了亲清型政企关系的建立获得了一定的成效。综上，不同类型外部关系对跨国并购创新绩效产生影响的路径不同。依靠股权关系获得的外部关系部分通过跨国并购动机，即跨国并购类型选择，作用于最终的创新绩效。这符合国有企业要承担政治责任的定位。此外，国有企业与民营企业的行业属性不同，国有企业在国内大多承担国内战略性基础性行业布局任务，民营企业参与的是市场性新兴行业开放型的活动，两者并不冲突，各司其职。并且，国有企业与民营企业的创新机制是不同的，本书绩效用专利数量衡量，而国有企业申请的专利往往研发任务周期较长，自主性要求、攻关型要求比较高。而依靠社会关系获取的外部关系虽然会因完成政府交办任务提升自然资源型跨国并购动机，这在一定程度上会损害创新效率，但更多的仍是因为获得政策支持而促进"资源效应"。而且，这与企业规模与市场基础也有关系，依靠社会关系获取外部关系的企业基础较好，市场规模本身比较庞大，前期专利积累较多。有外部关系的民营企业通过吸收能力促进跨国并购创新绩效提升，符合现在亲清型政企关系的趋势。

第四，丰富了对不同类型制度距离的研究。本书依据制度理论，结合不同类型跨国并购具有的不同特点，从获取合法性角度探讨了不同类型的跨国并购应重点关注的不同的制度类型。此外，从不同层次分别探讨了制度距离对跨国并购动机和跨国并购绩效的影响，细化了制度距离对跨国并购不同阶段的影响研究。

知识产权制度距离用于衡量不同国家之间知识产权保护相关制度规定的差距程度，本书从知识产权制度距离角度分别探讨了其对技术获取型跨国并购动机以及技术获取型跨国并购后技术整合难易程度的影响。并购企业所在国家与东道国在知识产权相关制度方面的规定越相似，并购方越容易获得合法性，进而越会促进技术获取型跨国并购动机，其对技术获取型跨国并购整合的难度也会越低，对被并购方企业先进技术的整合利用程度也会越高。本书实证结果表明：在其他条件不变的情况下，知识产权制度距离对技术获取型跨国并购动机起到负向调节作用，知识产权制度距离越小，越容易获得合法性，越有可能进行技术获取型跨国并购；知识产权制度距离对技术获取型跨国并购对企业创新的作用起到负向调节作用，知识产权制度距离越小，技术获取型跨国并购越有可能促进企业创新。综上所述，知识产权制度距离越大，获取合法性的难度也越大，进行技术获取型跨国并购的动机也会越弱；同时对并购所得技术整合难度也会越大，进而越会负向影响技术获取型跨国并购的创新绩效。

由此可见，制度距离对跨国并购动机和跨国并购绩效会产生不同程度的影响。由于政府调节着并购活动的规模，政府行为会影响跨国并购的资金流向及银行等金融机构对并购活动的支持等，一些跨国并购活动还必须得到被并购方国家相关政府部门的批准，因此企业在进行跨国并购时，要考虑制度距离的影响，尤其是当地的宗教信仰、文化、市场自由度等与我国的距离，在充分了解当地制度环境的基础上，谨慎做出跨国并购决策，以减少制度距离导致的外部交易成本和内部管理成本，增强企业合法性，并提高企业资源要素配置的效率和竞争力以形成"有效市场"。此外，一些战略性的能源资源，政府要牢牢掌控，但可以通过市场机制去做。政府通过与其他国家签订双边或多边条约，利用国际经济组织对本国民营企业的外商直接投资进行支持与保护。对国有企业而言，政府通过改善和加强与资源型国家和国际大型资源企业的关系，从而进行"资源外交"，促进国有企业和有外部关系的民营企业进行资源型跨国并购，真正做到"有为政府"。

第五，本书还进一步印证了外部关系和社会资本在跨国并购中的重要性，对企业更好地适应市场、完善竞争优势以进行跨国并购进而促进企业创新提供了借鉴意义。

外部关系作为独特的政治资源，包含了政治关系，而政治关系作为一种社会资本能够影响企业的跨国并购。社会资本也是企业的社会资源，企业通过运用外部关系的资源优势，降低外部交易成本，提高决策效率，将国家特定优势附着在企业上，使企业快速发展壮大，进行跨国并购活动，以提升吸收能力和技术创新能力。同时，我国企业在进行跨国并购过程中，其投资方式的选择应参考小岛清理论中的合资模式，充分考虑自身实际情况，根据不同国家的经济发展水平和市场状况采取不同的投资方式，从优势互补、扬长避短的角度考虑，当进入发达国家且资金充裕时宜采用并购方式，而当进入发展中国家且主要以经营资源为主要进入手段时则宜采用新建方式。此外，进行技术获取型跨国并购的企业可考虑采取独资经营方式，以确保技术的保密性。

二、实践启示

创新作为企业长期发展的必然要求，逐渐成为我国企业进行跨国并购的主要驱动因素，作为国际市场的后来者，新兴市场国家在缺乏特定优势的前提下，其投资发展路径与发达国家不同，需要充分发挥制度优势，通过外部关系来弥补市场竞争劣势，但目前其对跨国并购创新绩效的研究未得到一致的研究结论。本书结合新兴市场国家制度环境还需进一步完善的环境特点，通过构建"外部关系—跨国并购动机—企业创新"的解释路径，以跨国并购动机为中介，探讨了依靠股权关系获取的外部关系对跨国并购创新绩效的作用路径。从"资源效应"出发，补充解释了依靠社会关系获取的外部关系对跨国并购创新绩效的作用路径。并着重从跨国并购整合角度出发，探讨了制度距离和吸收能力对跨国并购创新绩效的影响，为不同类型企业跨国并购类型选择、跨国并购创新绩效的提升提供了理论依据。

第一，对政府和企业而言，需加大力度构建亲清型政企关系，这有利于促进民营企业的发展。本书根据获取方式的不同，将外部关系分为依靠股权关系获取和依靠社会关系获取两种不同的类型，并依据资源依赖理论对不同外部关系企业的跨国并购类型选择和因此导致的对企业创新的不同作用进行了解释。首先，为国有企业跨国并购创新绩效不足提供了部分解释依据，国有企业在很多情况下不是为了追求效率而存在，其承担了大量关系国计民生的政治任务，并承担战略性基础性行业布局任务，此外，国有企业申请的专利往往研发任务周期较长，自主性要求、攻关型要求比较高。其次，对有外部关系的民营企业而言，虽然会因完成政府交办任务提升自然资源型跨国并购动机，这在一定程度上会损害创新效率，但更多的仍是因为获得政策支持而促进"资源效应"，这得益于亲清型政企关系的构建。然后，国有企业与民营企业的行业属性不同，国有企业在国内大多承担国内战略性基础性行业布局任务，民营企业参与的是市场性新兴行业开放型的活动，两者并不冲突，各司其职。且国有企业与民营企业的创新机制是不同的，本书绩效用专利数量衡量，而国有企业申请的专利往往研发任务周期较长，自主性要求、攻关型要求比较高。最后，这与企业规模和市场基础也有关系，依靠社会关系获取外部关系的企业基础较好，市场规模本身比较庞大，前期专利积累较多。

第二，在实践中不可一味用创新绩效甚至短期绩效衡量跨国并购绩效，要结合具体的跨国并购动机进行具体分析。本书通过将跨国并购划分为不同的类型，探究了不同类型跨国并购的创新绩效。由于不同类型的跨国并购所追求的目的不尽相同，这直接影响最终的跨国并购绩效，因此在实践中，企业管理者要结合具体并购动机进行具体分析。此外，外部关系中的管理人员所具有的行业视野与专业认识优势能够对跨国并购与企业创新提供智力支持。

第三，企业在进行跨国并购时，应尽量选择知识产权制度距离小的国家进行并购活动，同时还要充分提升自身吸收能力，以提升跨国并购后的整合效果。本书深入探究了技术获取型跨国并购的创新绩效，并分别从整合难度和整合能力两个维度对影响技术获取型跨国并购创新绩效的因素进行了探讨，且结果表明，知识产权制度距离越小，技术获取型跨国并购越有可能促进企业创新；吸收能力对技术获取型跨国并购对企业创新的影响起正向调节作用。因此，为减小跨国并购完成后的整合难度，应尽量选择知识产权制度距离小的国家进行跨国并购，为提升跨国并购后的整合效果，还要充分提升自身吸收能力，从上述两个角度为技术获取型跨国并购提升创新绩效提供了可行路径。

第四，为不同类型跨国并购应关注的制度距离类型提供了理论依据。具体而言，对自然资源型跨国并购而言，应更加关注目标企业所在国家是否为"一带一路"沿线国家，"一带一路"沿线国家能减小跨国并购难度，对技术获取型跨国并购而言，应更关注知识产权制度距离，知识产权制度距离越小，越能降低并购难度，提升并购后的整合程度。

第五，为国有企业所承担的社会责任及其对行业发展的影响产生引导作用，进一步发挥国有企业与民营企业的协同发展中外部关系对跨国并购与企业创新之间关系的正外部性效应。国有企业是政府依靠正式的股权关系控制的企业，其承担着为政府履行政治责任和社会责任的任务，帮助国有企业发展也就是帮助政府自身完成经济及社会责任，国有企业承担社会责任有利于进一步获取政府的政策支持，从而充分发挥我国的制度优势。

第三节 政策建议

本书基于资源依赖理论和制度理论探究了不同类型外部关系对跨国并购动机的不同影响；探索了不同类型的跨国并购创新绩效，并聚焦于研究技术获取型跨国并购，探究影响创新绩效的因素；还深入探讨外部关系通过影响跨国并购动机进而影响企业创新的路径，可以为政府更好地引导企业"走出去"提供一定的政策启示，也可以为企业在实施跨国并购的过程中构建良好的政企关系并合理运用外部关系的优势提供理论指导，以实现有为政府和有效市场的有机统一。具体而言，本书提出了以下政策建议：

第一，企业在进行跨国并购时，要善于运用外部关系的资源优势，降低外部交易成本，提高决策效率，避免盲目追求外部关系影响企业创新绩效。同时，企业可根据其外部关系程度优化董事会结构、科学选择控股模式、加强企业内部控制，将国家特定优势附着在企业上，使企业快速发展壮大，进行技术获取型跨国并购活动，以提升吸收能力和技术创新能力，合理分配研发投入，并充分发挥外部关系的优势，减少外部关系对企业产生的消极影响。

第二，企业应该重视通过建立外部关系来充分发挥我国的制度优势，进而能够降低并购投资风险，提升企业跨国并购的成功率。此外，国有企业在进行资源型跨国并购过程中，应对海外市场进行更加精准的分析，选择的被并购企业所在国为"一带一路"沿线国家和地区时，国有企业越容易获得合法性。此外，政府可以通过改善和加强与资源型国家和国际大型资源企业的关系，进行"资源外交"，促进国有企业和有外部关系的民营企业进行资源型跨国并购，真正做到"有为政府"。

第三，跨国企业管理者应意识到通过外部关系进行跨国并购整合推动创新绩效提升的关键在于树立正确的并购动机。因此，企业应该制定合理的跨国并购方案，在制定跨国并购方案的过程中，应从自身转型升级的发展需求出发，树立正确的并购动机，不要盲目追求并购，做出跨国并购决策时应充分评估利弊，制定一套科学合理的跨国并购方案，最大限度地消除信息不对称带来的跨国并购风险，以获取更多的创新收益，确保企业顺利实现转型升级，有效实施全球化和国际化战略。

第四，企业在进行跨国并购时，要注意缓和制度距离带来的负面影响。由于制度距离会增加企业外部交易成本，加大企业并购风险，因此企业在进行跨国并购时，应关注我国与东道国的制度环境差异，尤其是当地的宗教信仰、文化、市场自由度等与我国的距离，在充分了解当地制度环境的基础上，谨慎做出跨国并购决策，以减少制度距离导致的外部交易成本和内部管理成本，增强企业合法性，解决跨国经营的难题。吸收能力在技术获取型跨国并购与企业创新之间的相关关系中起正向调节作用。因此，企业在进行技术获取型跨国并购活动时，应注意提升吸收能力，合理分配研发投入，以提升企业的技术创新能力。

第五，企业应该重视通过建立外部关系来充分发挥我国的制度优势。此外，在进行跨国并购的过程中，应主动消除东道国利益相关者对我国企业的误解，还应做好对目标企业和东道国情况的了解以保证跨国并购的质量和成功率，进而帮助企业从全球范围内获取创新资源，加大创新投入，完成创新资源的整合以提升创新水平；同时还应注重企业核心竞争力的建设，以克服外来者劣势，实现跨国并购的协同效应。依靠社会关系获取的外部关系对跨国并购创新绩效起到显著正向作用。

第六，政府应不断完善市场制度，强化市场化体制建设。对新兴经济体的政府而言，应该完善市场制度，营造良好、公平、利于企业创新的市场环境，减少企业"寻租"行为。健全反腐机制，深化"放管服"改革，细化政商交往的正负面清单，彻底消除企业寻租和设租带来的负面影响，以形成"有效市场"，激发市场活力。同时，政府还应进一步深化行政审批改革，放宽政策限制，解决企业并购过程中遇到的审批流程等问题，以降低企业的制度性交易成本。此外，政府还应充分发挥自身强大的功能和资源优势，为企业进行跨国并购活动提供良好的政策支持和制度保障，以建设"有为政府"，促进企业顺利进行跨国并购活动，以便促进企业创新。

第七，政府应为企业进行跨国并购活动提供强大的支持，加大财政支持力度，完善企业的税收优惠政策和融资扶持制度，鼓励企业"走出去"，并做到实施过程公平和透明，以解决企业在进行跨国并购过程中资金缺失的问题，提高企业市场竞争力。此外，还应鼓励企业实现技术创新，促进企业的集群化、产学研一体化（易靖韬和蒙双，2016），以提高并购企业的技术吸收能力。同时政府还应加强完善与跨国并购相关的法律法规制度，减少企业外部关系带来的负面作用，以保证市场的公平性和有效性，将"有为政府"和"有效市场"相结合，以优化营商环境，增强民营企业发展活力。

第八，政府应为企业进行跨国并购活动提供外部环境保障。在资金上，政府应在税收和贷款等方面给予一定优惠，为跨国并购的企业制定专项税收减免政策，并加大对企业境外收入所得的倾斜力度，通过亏损退税、关税优惠等方式降低企业的海外税收，以保证企业有充分的资金进行跨国并购活动；加大出口信用保险支持力度，充分发挥出口信用保险风险保障和融资增信作用，以增强企业的抗风险能力，保障企业跨国并购活动的顺利进行，真正做到"有为政府"。企业方面可以加强与境外投资机构的交流与联系，从而吸引更多的外资参与自身的跨国并购活动；还能利用套期保值、外汇期权等金融工具规避汇率风险，以降低跨国并购中的外汇风险；同时谨慎分析被并购企业的财务状况，减少信息不对称，降低价值评估风险，以形成"有效市场"。

第九，政府与企业要各司其职，发挥好市场和政府的作用，把握好其治理边界。在中国情境下，政府作为企业进行创新活动的重要推动者，应该协调资源和利益分配，积极鼓励企业创新，减少干预，以发挥市场在科技资源配置中的决定性作用，充分发挥我国制度优势。企业要合理运用外部关系的优势，将国家特定优势附着在企业上，使企业快速发展壮大，进行跨国并购活动，以提升企业的技术创新能力。只有这样，政府和企业才能实现长效合作和良性互动，真正做到"有为政府"和"有效市场"的有机统一。

第四节　不足与展望

本书结合资源依赖理论和制度理论，构建了中国制度情境下"外部关系—跨国并购—企业创新"的研究框架，以资源依赖理论和制度理论为研究基础，探究不同类型的外部关系对跨国并购动机的不同影响，不同类型的跨国并购动机对企业创新绩效的影响，以及外部关系通过影响企业跨国并购动机进而影响企业创新的路径，对中国企业通过我国制度优势来弥补市场竞争劣势具有重要意义。但研究仍然存在一些局限性与不足之处，这也成为本书未来的研究方向。

第一，在样本选择方面。出于数据可得性与数据质量考虑，本书仅纳入2009~2018年A股上市公司的海外并购样本，研究结论对规模较小的非上市企业是否适用有待进一步研究。未来研究可以进一步增加样本容量，选取非上市企业或其他新兴经济体企业的样本进行分类对比，寻找不同类型企业通过海外并购实现企业创新的不同机理，进一步检验本书的结论。

第二，在研究内容方面。本书仅依据外部关系不同的形成方式，根据资源依赖理论将企业分为三种不同的类型进行探讨，分别是国有企业、依靠社会关系获取外部关系的民营企业和无外部关系的民营企业，未进一步区分国有企业类型。未来研究可进一步拓展研究视角，根据国有企业控制层级的不同，进一步区分为中央企业、地方国有企业等，全面考察不同类型企业如何通过建立外部关系来充分发挥我国的制度优势。

第三，在研究视角方面。本书主要关注2020年之前的国际政治经济格局，暂未考虑2020年的全球公共卫生事件对中国企业的影响。2020年以来，全球跨境直接投资持续下降，深刻影响中国企业"走出去"的外部环境。未来研究可以关注2020年后的并购特征，为中国企业的跨国并购提供更与时俱进的研究支撑。

参考文献

［1］ Ahuja G, Katila R. Tecnological acquisitions and the innovation performance of acquiring firms: A longitudinal study ［J］. Strategic Management Journal, 2001, 22 (3): 197-220.

［2］ Athreye S, Kapur, S. Introduction: The internationalization of Chinese and Indian firms—trends, motivations and strategy ［J］. Industrial & Corporate Change, 2009, 18: 209-221.

［3］ Ashforth B E, Gibbs B W. The double edge of organizational legitimation ［J］. Organization Science, 1990, 1 (2): 177-194.

［4］ Aulakh P, Kotabe M, Teegen H. Export strategies and performance of firms from emerging economies: Evidence from Brazil, Chile, and Mexico ［J］. Academy of Management Journal, 2000, 43: 342-361.

［5］ Austen-Smith D, Wright J R. Theory and evidence for counteractive lobbying ［J］. American Journal of Political Science, 1996, 40 (2): 543-564.

［6］ Aybar B, Ficici A. Cross-border acquisitions and firm value: An analysis of emerging-market multinationals ［J］. Journal of International Business Studies, 2009, 40 (8): 1317-1338.

［7］ Bauer F, Matzler K, Wolf S. M&A and innovation: The role of integration and cultural differences-a central european targets perspective ［J］. International Business Review, 2016, 25 (1): 76-86.

[8] Bauer F, Matzler K. Antecedents of M&A success: The role of strategic complementarity, cultural fit, and degree and speed of integration [J]. Strategic Management Journal, 2014, 35 (2): 269-291.

[9] Barney J B. Firm resources and sustainable competitive advantage [J]. Journal of Management, 1991, 17: 99-120.

[10] Baysinger B D. Domain maintenance as an objective of business political activity: An expanded typology [J]. Academy of Management Review, 1984, 9 (2): 248-258.

[11] Bendor J, Mookherjee D. Institutional structure and the logic of ongoing collective action [J]. American Political Science Review, 1987, 81 (1): 129-154.

[12] Boddewyn J J, Brewer T L. International-business political behavior: New theoretical directions [J]. Academy of management review, 1994, 19 (1): 119-143.

[13] Bonardi J P. Corporate political resources and the resource-based view of the firm [J]. Strategic Organization, 2011, 9 (3): 247-255.

[14] Bonardi J P, Holburn G L F, Vanden Bergh R G. Nonmarket strategy performance: Evidence from US electic utilities [J]. Academy of Management Journal, 2006, 49 (6): 1209-1228.

[15] Breinlich H. Trade liberalization and industrial restructuring through mergers and acquisitions [J]. Journal of International Economics, 2008, 76 (2): 254-266.

[16] Brouthers K D, Brouthers L E. Acquisition or greenfield start-up? institutional, cultural and transaction cost influences [J]. Strategic Management Journal, 2000, 21 (1): 89-97.

[17] Brogaard J, Denes M, Duchin R. Political connections, incentives and innovation: Evidence from contract-level data [J]. Social Science Electronic Publishing, 2015.

[18] Buckley P J, Forsans N, Munjal S. Host-home country linkages and host-

home country specific advantages as determinants of foreign acquisitions by Indian firms [J]. International Business Review, 2012, 21: 878-890.

[19] Buckley P J, Casson M. A long-run theory of the multinational enterprise [A]//The future of the multinational enterprise [M]. London: Palgrave Macmillan, 1976: 32-65.

[20] Buckley P J, Clegg L J, Cross A R, et al. The determinants of Chinese outward foreign direct investment [J]. Journal of International Business Studies, 2007, 38: 499-518.

[21] Casciaro T, Piskorski M J. Power imbalance, mutual dependence, and constraint absorption: A closer look at resource dependence theory [J]. Administrative Science Quarterly, 2005, 50 (2): 167-199.

[22] Chang H Y. An international merger & acquisition case study-marvell acquires RDA strategy and valuation [J]. Journal of Accounting, Finance & Management Strategy, 2015, 10 (2): 55.

[23] Chen C R, Li Y, D Luo, Zhang T. Helping hands or grabbing hands? An analysis of political connections and firm value [J]. Journal of Banking & Finance, 2017, 80: 71-89.

[24] Cohen W M, Levinthal D A. Absorptive capacity: A new perspective on learning and innovation [J]. Administrative Science Quarterly, 1990: 128-152.

[25] Cook K S, Whitmeyer J M. Two approaches to social structure: Exchange theory and network analysis [J]. Annual Review of Sociology, 1992, 18 (1): 109-127.

[26] Cooper M J, Gulen H, Ovtchinnikov A V. Coporate political contributions and stock returns [J]. The Journal of Finance, 2010, 65 (2): 687-724.

[27] Crescenzi R, Gagliardi L. The innovative performance of firms in heterogeneous environments: The interplay between external knowledge and internal absorptive capacities [J]. Research Policy, 2018, 47 (4): 782-795.

［28］Cuervo-Cazurra A, Inkpen A, Musacchio A, et al. Governments as owners: State-owned multinational companies ［J］. Journal of International Business Studies, 2014, 45（8）: 919-942.

［29］Deng Z, Yan J, Van Essen M. Heterogeneity of political connections and outward foreign direct investment ［J］. International Business Review, 2018, 27（4）: 893-903.

［30］Desyllas P, Hughes A. Do high technology acquirers become more innovative? ［J］. Research Policy, 2010, 39（8）: 1105-1121.

［31］Desyllas P, Hughes A. Sourcing technological knowledge through corporate acquisition: Evidence from an international sample of high technology firms ［J］. Journal of High Technology Management Reaearch, 2008, 18（2）: 157-172.

［32］Dierickx I, Cool K. Asset stock accumulation and sustainability of competitive advantage ［J］. Management Science, 1989, 35（12）: 1504-1511.

［33］DiMaggio P J, Powell W W. The iron cage revisted: Institutional isomorphism and collective rationality in organizational fields ［J］. American Sociological Review, 1983, 48（2）: 147-160.

［34］Dikova D, Sahib P R, Van Witteloostuijn A. Cross-border acquisition abandonment and completion: The effect of institutional differences and organizational learning in the international business service industry, 1981-2001 ［J］. Journal of International Business Studies, 2010, 41（2）: 223-245.

［35］Ding S, Jia C, Wu Z, et al. Executive political connections and firm performance: Comparative evidence from privately-controlled and state-owned enterprises ［J］. International Review of Financial Analysis, 2014, 36（dec.）: 153-167.

［36］Dorobantu S, Kaul A, Zelner B. Nonmarket strategy research through the lens of new institutional economics: An integrative review and future directions ［J］. Strategic Management Journal, 2017, 38（1）: 114-140.

［37］Dos Santos M B, Errunza V R, Miller D P. Does corporate international diversification destroy value? Evidence from cross – border mergers and acquisitions [J]. Journal of Banking & Finance, 2008, 32 (12): 2716-2724.

[38] Dowling J, Pfeffer J. Organizational legitimacy: Socila values and organizational bahavior [J]. Pacific Sociological Review, 1975, 18 (1): 122-136.

[39] Dowell G, Killaly B. Effect of resource variation and firm experience on market entry decisions: Evidence from US telecommunication firms' international expansion decisions [J]. Organization Science, 2009, 20 (1): 69-84.

[40] Du M, Boateng A. State ownership, institutional effects and value creation in cross – border mergers & acquisitions by Chinese firms [J]. International Business Review, 2015, 24 (3): 430-442.

[41] Dunning J H, Ghauri P. The eclectic paradigm as an envelope for economic and business theories of MNE activity [J]. International Business Review, 2000, 9 (2): 163-190.

[42] Dunning J. International production and the multinational enterprises [M]. London: Allen & Unwin, 1981.

[43] Dunning J H. Multinational enterprises and the global economy [M]. Wokingham: Addison-Wesley, 1993.

[44] Dunning J H, Lundan S M. Institutions and the OLI paradigm of the multinational enterprise [J]. Asia-Pacific Journal of Management, 2008, 25: 573-593.

[45] Ellis J A, Moeller S B, Schlingemann F P, et al. Portable country governance and cross – border acquisitions [J]. Journal of International Business Studies, 2016, 48 (2): 1-26.

[46] Emerson R M. Power-dependence relations [J]. American Sociological Review, 1962, 27 (1): 31-41.

[47] Ekholm K, Hakkala K. Location of R&D and high-tech production by vertically integrated multinationals [J]. The Economic Journal, 2007, 117 (518): 512-543.

［48］ Ernst H, Vitt J. The influence of corporate acquisitions on the behavior of key inventors ［J］. R&D Management, 2000, 30 （2）: 105-119.

［49］ Estrin S, Baghdasaryan D, Meyer K E. The impact of institutional and human resource distance on international entry strategies ［J］. Journal of Management Studies, 2009, 46 （7）: 1171-1196.

［50］ Faccio M, Hsu H. Politically connected private equity and employment ［J］. The Journal of Finance, 2017, 72 （2）: 539-574.

［51］ Faccio M. Differences between politically connected and nonconnected firms: A cross-country analysis ［J］. Financial Management, 2010, 39 （3）: 905-928.

［52］ Faccio M. Politically connected firms ［J］. American Economic Review, 2006, 96 （1）: 369-386.

［53］ Fan J P H, Wong T J, Zhang T. Politically connected CEOs, Corporate governance, and post – ipo performance of China's newly partially privatized firms ［J］. Journal of Financial Economics, 2007, 84: 265-590.

［54］ Fisman R. Estimating the value of political connections ［J］. American Economic Review, 2001, 91 （4）: 1095-1102.

［55］ Fuad M, Gaur A S. Merger waves, entry-timing, and cross-border acquisition completion: A frictional lens perspective ［J］. Journal of World Business, 2019, 54 （2）: 107-118.

［56］ Fukao K, Ito K, Kwon H U, et al. Cross-border acquisitions and target firms' performance: Evidence from Japanese firm-level data ［A］ //International financial issues in the Pacific Rim: Global imbalances, financial liberalization, and exchange rate policy ［M］. University of Chicago Press, 2008: 347-389.

［57］ Fortanier F, Tulder R. Internationalization trajectories—a cross – country compa-rison: Are large Chinese and Indian companies different? ［J］. Industrial and Corporate Change, 2009, 18: 223-247.

［58］ Francis B B, Hasan I, Sun X. Financial market integration and the value of global diversification: Evidence for U. S. acquirers in cross-border mergers and acquisitions [J]. Journal of Banking and Finance, 2008, 32 (8): 1522-1540.

[59] García-Vega M, Hofmann P, Kneller R. The internationalisation of R&D and the knowledge production function [J]. Cesifo Working Paper, 2012, 51 (2): 206-224.

[60] Graebner M E. Momentum and serendipity: How acquired leaders create value in the integration of technology firms [J]. Strategic Management Journal, 2004, 25: 751-777.

[61] Grant R M. Prospering in dynamically-competitive environments: Organizational capability as knowledge integration [J]. Organization Science, 1996, 7: 375-387.

[62] Greenwood R, Raynard M, Kodeih F, et al. Institutional complexity and organizational responses [J]. Academy of Management Annals, 2011, 5 (1): 317-371.

[63] Guariglia A, Liu X, Song L. Internal finance and growth: Microeconometric evidence on Chinese firms [J]. Journal of Development Economics, 2011, 96 (1): 79-94.

[64] Gubbi S, Aulakh P, Ray S, et al. Do international acquisitions by emerging-economy firms create shareholder value: The case of Indian firms [J]. Journal of International Business Studies, 2010, 41: 397-418.

[65] Gubbi S R, Elango B. Resource deepening vs. resource extension: Impact on asset-seeking acquisition performance [J]. Management International Review, 2016, 56 (3): 353-384.

[66] Haleblian J, Devers C E, McNamara G, et al. Taking stock of what we know about mergers and acquisitions: A review and research agenda [J]. Journal of Management, 2009, 35 (3): 469-502.

[67] Hansen W L, Mitchell N J. Disaggergating and explaining corporate political

activity: Domestic and foreign corporations in national politics [J]. American Political Science Review, 2000, 94 (4): 891-903.

[68] Heidenreich S, Mohr A, Puck J. Political strategies, entrepreneurial over-con-fidence and foreign direct investment in developing countries [J]. Journal of World Business, 2015, 50 (4): 793-803.

[69] Helpman E, Melitz M, Yeaple S, et al. Export versus FDI with heteroge-neous firms [J]. American Economic Review, 2004, 94 (1): 300-316.

[70] Hillman A J, Hitt M A. Corporate political strategy formulation: A modle of approach, participation, and strategy decisions [J]. Academy of Management Review, 1999, 24 (4): 825-842.

[71] Hillman A J, Keim G D, Schuler D. Corporate political activity: A review and research agenda [J]. Journal of Management, 2004, 30 (6): 837-857.

[72] Hillman A J, Withers M C, Collins B J. Resource dependence theory: A review [J]. Journal of Management, 2009, 35 (6): 1404-1427.

[73] Hill M D, Kelly G W, Lockhart G B, et al. Determinants and effects of corporate lobbying [J]. Financial Management, 2013, 42 (4): 931-957.

[74] Hitt M A, Hoskisson R E, Johnson R A, et al. The market for corporate control and firm innovation [J]. Academy of management journal, 1996, 39 (5): 1084-1119.

[75] Horn H, Persson L. The equilibrium ownership of an international oligopoly [J]. Journal of International Economics, 2001, 53: 307-333.

[76] Huang Y. Selling China: Foreign direct investment during the reform era [M]. Cambridge University Press, 2003.

[77] Hymer S H. The international operations of national firms, a study of direct foreign investment [D]. Massachusetts Institute of Technology, 1960.

[78] Jean D A, Lohmann G. Revisiting the airline business model spectrum: The influence of post global financial crisis and airline mergers in the US (2011-2013)

［J］. Research in Transportation Business & Management，2016，21：76-83.

［79］ Johanson J，Vahlne J E. The internationalization process of the firm—a model of knowledge development and increasing foreign market commitments ［J］. Journal of International Business Studies，1977，8（1）：23-32.

［80］ Johnson C，Dowd T J，Ridgeway C L. Legitimacy as a social process ［J］. Annual Review of Sociology，2006，32（1）：53-78.

［81］ Kamien M I，Zang I. The limits of monopolization through acquisition ［J］. Quarterly Journal of Economics，1990，105（2）：465-499.

［82］ Karim S，Mitchell W. Path-dependent and path-breaking change：Reconfiguring business resources following acquisitions in the US medical sector，1978 - 1995 ［J］. Strategic Management Journal，2000，21：1061-1081.

［83］ Keim G，Baysinger B. The efficacy of business political activity：Competitive considerations in a principal-agent context ［J］. Journal of Management，1988，14（2）：163-180.

［84］ King D R，Dalton D R，Daily C M，Covin J G. Meta-analyses of post-acquisition performance：Indications of unidentified moderators ［J］. Strategic Management Journal，2004，25（2）：187-200.

［85］ Kogut B，Zander U. Knowledge of the firm，combinative capabilities and the replication of technology ［J］. Organization Science，1992，3：383-397.

［86］ Kostopoulos K，Papalexandris A，Papachroni M，et al. Absorptive capacity，innovation，and financial performance ［J］. Journal of Business Research，2011，64（12）：1335-1343.

［87］ Kostova T，Zaheer S. Organizational legitimacy under conditions of complexity：The case of the multinational enterprise ［J］. Academy of Management Review，1999，24（1）：64-81.

［88］ Krug J A，Hegarty W H. Predicting who stays and leaves after an acquisition：A study of top managers in multinational firms ［J］. Strategic Management Journal, 2001, 22: 185-196.

［89］Kuipers D R, Miller D P, Patel A. The legal environment and corporate valuation: Evidence from cross-border takeovers ［J］. International Review of Economics and Finance, 2009, 18 (4): 552-567.

［90］Lee C M C, Li K K, Zhang R. Shell games: The long-term performance of Chinese reverse - merger firms ［J］. The Accounting Review, 2015, 90 (4): 1547-1589.

［91］Liang H, Ren B, Sun S L. An anatomy of stata control in the globalization of stata - owned enterprises ［J］. Journal of International Business Studies, 2015, 46 (2): 223-240.

［92］Liedong T A, Rajwani T. The impact of managerial political ties on corporate governance and debt financing: Evidence from Ghana ［J］. Long Range Planning, 2018, 51 (5): 666-679.

［93］Li F, Chen Y, Liu Y. Integration modes, global networks, and knowledge diffusion in overseas M&As by emerging market firms ［J］. Journal of Knowledge Management, 2019.

［94］Li H, Meng L, Wang Q, Zhou L A. Political connections, financing and firm performance: Evidence from Chinese private firms ［J］. Journal of Development Economics, 2008, 87 (2): 283-299.

［95］Li H, Zhang Y. The role of managers' political networking and functional experience in new venture performance: Evidence from China's transition economy ［J］. Strategic Management Journal, 2007, 28 (8): 791-804.

［96］Lin K J, Tan J, Zhao L, et al. In the name of charity: Political connections and strategic corporate social responsibility in a transition economy ［J］. Journal of Corporate Finance, 2015, 32: 327-346.

［97］Li P P. Toward an integrated theory of multinational evolution: The evidence of Chinese multinational enterprises as latecomers ［J］. Journal of International

Management, 2007, 13: 296-318.

[98] Lin P, Lin B, Lin M, et al. Empirical study of factors influencing performance of Chinese enterprises in overseas mergers and acquisitions in context of belt and Road Initiative—A perspective based on political connections [J]. Emerging Markets Finance and Trade, 2019: 1-17.

[99] Liu C, Uchida K, Yang Y. Corporate governance and firm value during the global financial crisis: Evidence from China [J]. International Review of Financial Analysis, 2012, 21: 70-80.

[100] Lu J, Liu X, Wright M, Filatotchev I. International experience and FDI location choices of Chinese firms: The moderating effects of home country government support and host country institutions [J]. Journal of International Business Studies, 2014, 45 (4): 428-449.

[101] Long W F, Ravenscraft D J. LBOs, debt and R&D intensity [J]. Strategic Management Journal, 1993, 14: 119-135.

[102] Luo Y, Tung R L. International expansion of emerging market enterprises: A springboard perspective [J]. Journal of International Business Studies, 2007, 38 (4): 481-498.

[103] Lichtenthaler U, Lichtenthaler E. A capability-based framework for open innovation: Complementing absorptive capacity [J]. Journal of Management Studies, 2009, 46 (8): 1315-1338.

[104] Maksimovic V, Phillips G, Prabhala N R. Post-merger restructuring and the boundaries of the firm [J]. Journal of Financial Economics, 2011, 102 (2): 317-343.

[105] Markusen J R. Multinational firms and the theory of international trade [M]. Cambridge, Ma: MIT Press, 2002.

[106] Martynova M, Renneboog L. Spillover of corporate governance standards in cross-border mergers and acquisitions [J]. Journal of Corporate Finance, 2008,

14 (3): 200-223.

[107] Mathews J A. Dragon multinationals: New players in 21st century globalization [J]. Asia Pacific Journal of Management, 2006, 23 (1): 5-27.

[108] Masulis R W, Cong W, Xie F. Corporate governance and acquirer returns [J]. Journal of Finance, 2007, 62 (4): 1851-1889.

[109] Meyer J W, Rowan B. Institutionalized organizations: Formal structure as myth and ceremony [J]. American Journal of Sociology, 1977, 83 (2): 340-363.

[110] Neary J P. Cross-border mergers as instruments of comparative advantage [J]. The Review of Economic Studies, 2007, 74 (4): 1229-1257.

[111] North D C. Institutions, institutional change, and economic performance [M]. Cambridge: Cambridge University Press, 1990.

[112] Oliver C. Strategic responses to institutional processes [J]. Academy of Manage-ment Review, 1991, 16 (1): 145-179.

[113] Ornaghi C. Mergers and innovation in big pharma [J]. International Journal of Industrial Organization, 2009, 27 (1): 70-79.

[114] Peng M W, Wang D Y L, Jiang Y. An institution-based view of international business strategy: A focus on emerging economies [J]. Journal of International Business Studies, 2008, 39 (5): 920-936.

[115] Perrow C. Organizational analysis: A sociological view [M]. Belmont, CA: Wadsworth, 1970.

[116] Pfeffer J. Merger as a response to organizational interdependence [J]. Adminis-trative Science Quarterly, 1972, 17 (3): 382-394.

[117] Pfeffer J, Nowak P. Joint ventures and interorganizational interdependence [J]. Administrative Science Quarterly, 1976, 21 (3): 398-418.

[118] Pfeffer J. Power in organizations [M]. Boston, MA: Pitman, 1981.

[119] Pfeffer J, Salancik G R. The external control of organizations: A resource dependence perspective [M]. New York: Harper and Row, 1978.

［120］ Ranft A L, Lord M D. Acquiring new knowledge: The role of retaining human capital in acquisitions of high－tech firms ［J］. The Journal of High Technology Management Research, 2000, 11: 295-319.

［121］ Ranft A L, Lord M D. Acquiring new technologies and capabilities: A grounded model of acquisition implementation ［J］. Organization Science, 2002, 13: 420-441.

［122］ Rugman A. Inside the multinationals 25th anniversary edition: The economics of internal markets ［M］. Springer, 2006.

［123］ Rui H, Yip G S. Foreign acquisitions by Chinese firms: A strategic intent perspective ［J］. Journal of World Business, 2008, 43: 213-226.

［124］ Saunders A, Strock E, Travlos N G. Ownership structure, deregulation, and bank risk taking ［J］. The Journal of Finance, 1990, 45 (2): 643-654.

［125］ Scott W R. Institutions and organizations ［M］. Thousand Oaks, CA: Sage, 1995.

［126］ Seru A. Firm boundaries matter: Evidence from conglomerates and R&D activity ［J］. Journal of Finance Economic, 2014, 111: 381-405.

［127］ Sheng S, Zhou K Z, Li J J. The effects of business and political ties on firm performance: Evidence from China ［J］. Journal of Marketing, 2011, 75 (1): 1-15.

［128］ Shleifer A, Vishny R W. Value maximization and the acquisition process ［J］. Journal of Economic Perspectives, 1988, 2: 7-20.

［129］ Shimizu K, Hitt M A, Vaidyanath D, et al. Theoretical foundations of cross－border mergers and acquisitions: A review of current research and recommendations for the future ［J］. Journal of International Management, 2004, 10 (3): 307-353.

［130］ Siegel J. Contingent political capital and international alliances: Evidence from South Korea ［J］. Administrative Science Quarterly, 2007, 52 (4): 621-666.

[131] Stiebale J. The impact of cross-border mergers and acquisitions on the acquirers' R&D—Firm-level evidence [J]. International Journal of Industrial Organization, 2013, 31 (4): 307-321.

[132] Stiebale J, Reize F. The impact of FDI through mergers and acquisitions on innovation in target firms [J]. International Journal of Industrial Organization, 2011, 29 (2): 155-167.

[133] Suchman M C. Managing Legitimacy: Strategic and institutional approaches [J]. Academy of Management Review, 1995, 20 (3): 571-610.

[134] Suddaby R, Bitektine A, Haack P. Legitimacy [J]. Academy of Management Annals, 1995, 20 (3): 571-610.

[135] Sun P, Mellahi K, Thun E. The dynamic value of MNE political embeddedness: The case of the Chinese automobile industry [J]. Journal of International Business Studies, 2010, 41 (7): 1161-1182.

[136] Sun S L, Peng M W, Ren B, et al. A comparative ownership advantage framework for cross-border M&As: The rise of Chinese and Indian MNEs [J]. Journal of World Business, 2012, 47: 4-16.

[137] Sun P, Hu H W, Hillman A J. The dark side of board political capital: Enabling block - holder rent appropriation [J]. Academy of Management Journal, 2016, 59 (5): 1801-1822.

[138] Sun P, Mellahi K, Wright M, Xu H. Political tie heterogenrity and the impact of adverse shocks on firm value [J]. Journal of Management Studies, 2015, 52 (8): 1036-1063.

[139] Tost L P. An integrative model of Legitimacy judgments [J]. Academy of Manage-ment Review, 2011, 36 (4): 686-710.

[140] Papageorgiadis N, Cross A R, Alexiou C. International patent systems strength 1998-2011 [J]. Journal of World Business, 2014, 49 (4): 586-597.

[141] Park S H, Luo Y. Guanxi and organizational dynamics: Organizational

net-working in Chinese firms [J]. Strategic Management Journal, 2001, 22 (5): 455-477.

[142] Park W G. International patent protection: 1960-2005 [J]. Research Policy, 2008, 37 (4): 761-766.

[143] Parsley D C, Chaney P, Faccio M. The quality of accounting information in politically connected firms [J]. Journal of Accounting and Economics, 2011, 51: 58-76.

[144] Pigott R J, Williamson R S. Corporate political activity [J]. The Business Lawyer, 1979, 34: 913-919.

[145] Pinkham D G. Corporate public affairs: Running faster, jumping higher [J]. Public Relations Quarterly, 1998, 43 (2): 33-37.

[146] Waldmeir P, MacNamara W. Riot into case highlights risks in China, Financial Times, 2010.

[147] Wang C, Hong J, Kafouros M, et al. Exploring the role of government involvement in outward FDI from emerging economies [J]. Journal of International Business Studies, 2012, 43 (7): 655-676.

[148] Wang Q, Hang Y, Sun L, et al. Two-stage innovation efficiency of new energy enterprises in China: A non-radial DEA approach [J]. Technological Forecasting and Social Change, 2016, 112: 254-261.

[149] Williamson P J, Raman A P. How China reset its global acquisition agenda [J]. Harvard Business Review, 2011, 89 (4): 109-114.

[150] Witt M A, Lewin A Y. Outward foreign direct investment as escape response to home country institutional constraints [J]. Journal of International Business Studies, 2007, 38 (4): 579-594.

[151] Xia J, Ma X, Lu J W, et al. Outward foreign direct investment by emerging market firms: A resource dependence logic [J]. Strategic Management Journal, 2014, 35 (9): 1343-1363.

［152］Xia J. Mutual dependence, parterner substitutability, and repeated partnership: The survival of cross-border alliances ［J］. Strategic Management Journal, 2011, 32 (3): 229-253.

［153］Xie X, Zou H, Qi G. Knowledge absorptive capacity and innovation performance in high-tech companies: A multi-mediating analysis ［J］. Journal of Business Research, 2018, 88: 289-297.

［154］Xu N, Yuan Q, Jiang X, et al. Founder's political connections, second generation involvement, and family firm performance: Evidence from China ［J］. Journal of Corporate Finance, 2015, 33 (3): 243-259.

［155］Young D R. A unified theory of social enterprise ［A］//Non-market Entrepre-neurship ［M］. Edward Elgar Publishing, 2008.

［156］Zelditch M. Legitimacy theory ［J］. Contemporary Social Psychological Theories, 2006, 324: 352.

［157］Zhang J, Marquis C, Qiao K. Do political connections buffer firms from or bind firms to the government? A study of corporate charitable donations of Chinese firms ［J］. Organization Science, 2016, 27 (5): 1307-1324.

［158］Zheng W, Singh K, Mitchell W. Buffering and enabling: The impact of interlocking political ties on firm survival and sales growth ［J］. Strategic Management Journal, 2015, 36 (11): 1615-1636.

［159］Zhong Z. Empirical Analysis in the political connection and the performance of merger and acquisition ［J］. Journal of Service Science & Management, 2016, 9 (1): 1-9.

［160］Zhu H, Xia J, Makino S. How do high-technology firms create value in international M&A? Integration, autonomy and cross-border contingencies ［J］. Journal of World Business, 2015, 50 (4): 718-728.

［161］刘文勇. 改革开放以来中国对外投资政策演进 ［J］. 上海经济研究, 2022, 4: 23-32.

［162］李政毅，尹西明，黄送钦．民营企业政治关联如何影响企业研发投资？［J］．科学学研究，2020，38（12）：2212-2219.

［163］郭健全，韩亦秦．政治关联、收购方能力和中国私企并购绩效——基于不同目标国视角［J/OL］．重庆工商大学学报（社会科学版）：1-14［2022-03-14］．http：//kns. cnki. net/kcms/detail/50. 1154. c. 20210323. 1459. 006. html.

［164］朱玉杰，闫聪．国有控股对中国企业对外跨国并购影响的实证分析［J］．技术经济，2015，34，10：105-116.

［165］张文菲，金祥义．跨国并购有利于企业创新吗［J］．国际贸易问题，2020（10）：128-143.

［166］吴航，陈劲．跨国并购影响创新绩效的中介机制：制度复杂性战略响应视角［J］．科学学与科学技术管理，2020，41（11）：17.

［167］刘威，闻照．遗传距离对跨国并购后的企业创新有影响吗？——基于中国上市公司数据的实证检验［J］．世界经济研究，2021，1：91-103，135-136.

［168］王疆，黄嘉怡．跨国并购动因、吸收能力与企业创新绩效［J］．北京邮电大学学报（社会科学版），2019，21（2）：84-91.

［169］王弘书，施新伟．政府隶属程度对跨国公司对外直接投资战略动机偏好的影响［J］．西安交通大学学报（社会科学版），2021，41（2）：42-51.

［170］程聪．我国资源型企业跨国并购决策模式研究：国家制度与组织惯例的视角［J］．科研管理，2019，40（6）：111-120.

［171］宋林，彬彬．我国上市公司跨国并购动因及影响因素研究——基于多项 Logit 模型的实证分析［J］．北京工商大学学报（社会科学版），2016，31（5）：98-106.

［172］郭建全，陈娟，王疆．并购经验、政治风险与多元化并购［J］．哈尔滨商业大学学报（社会科学版），2017，4：34-41.

［173］赵奇伟，吴双．企业政治关联、不透明度与跨国并购绩效——基于投资者视角的微观证据［J］．国际贸易问题，2019，3：15.

［174］高厚宾，吴先明．新兴市场企业跨国并购、政治关联与创新绩效

[J]. 国际贸易问题，2018，2：137-148.

[175] 蔡翔，吴俊，徐正丽. 跨国并购是否促进了母公司技术创新：基于"一带一路"倡议的准自然实验 [J]. 湖南科技大学学报（社会科学版），2021，24（01）：67-74.

[176] 黄苹，蔡火娣. 跨国并购对企业技术创新质变的影响研究——基于技术互补性调节分析 [J]. 科研管理，2020，41（6）：80-89.

[177] 霍达. 国际反制裁制度体系的构建与启示 [J]. 人民论坛，2021，31：88-92.

[178] 周黎安. 转型中的地方政府：官员激励与治理（第二版）[M]. 上海：格致出版社，2017.

[179] 科斯，王宁. 变革中国：市场经济中的中国之路 [M]. 徐尧，李哲民译. 北京：中信出版社，2013.

[180] 张伟，于良春. 行业行政垄断的形成及治理机制研究 [J]. 中国工业经济，2011，1：69-78.

[181] 张晖，倪桂平. 财政补贴、竞争能力与国有企业改革 [J]. 财经问题研究，2007，2：86-92.

[182] 罗党论，唐清泉. 政治关系、社会资本与政策资源获取：来自中国民营上市公司的经验证据 [J]. 世界经济，2009，7：84-96.

[183] 张默含. 中国对外直接投资动因、障碍与政策分析 [M]. 北京：中国社会科学出版社，2016.

[184] 余珮，李珉迪. 跨国并购战略性新兴企业的绩效研究——基于资源基础观与制度基础相结合的视角 [J]. 财经科学，2019，12：78-92.

[185] 李强. 制度距离对我国企业跨国并购绩效的影响研究——基于上市公司数据的实证分析 [J]. 软科学，2015，29（10）：65-68，82.

[186] 刘海云，方海燕. 制度距离与企业 OFDI 进入模式的选择——基于中国制造业 A 股上市企业的实证检验 [J]. 工业技术经济，2021，40（9）：68-80.

[187] 孙洪庆，韩刚，邓瑛. 跨国并购或新建投资的选择：一个基于无形资

产的视角 [J]. 宏观经济研究，2010，5：75-81.

[188] 鞠晓生，卢荻，虞义华. 融资约束、营运资本管理与企业创新可持续性 [J]. 经济研究，2013，1：4-16.

[189] 谢洪明，张倩倩，邵乐乐等. 跨国并购的效应：研究述评及展望 [J]. 外国经济与管理，2016，38（8）：59-80，112.

[190] 危平，唐慧泉. 跨国并购的财富效应及其影响因素研究——基于双重差分方法的分析 [J]. 国际贸易问题，2016，11：120-131.

[191] 蒋冠宏，蒋殿春. 绿地投资还是跨国并购：中国企业对外直接投资方式的选择 [J]. 世界经济，2017，40（7）：126-146.

[192] 程惠芳，张孔宇. 中国上市公司跨国并购的财富效应分析 [J]. 世界经济，2006，12：74-80.

[193] 王海. 中国企业海外并购经济后果研究——基于联想并购 IBM PC 业务的案例分析 [J]. 管理世界，2007，2：94-106，119，172.

[194] 杜群阳，徐臻. 中国企业海外并购的绩效与风险：评价模型与实证研究 [J]. 国际贸易问题，2010，9：65-71.

[195] 韩宝山. 技术并购与创新：文献综述及研究展望 [J]. 经济管理，2017，9：14.

[196] 吴先明，苏志文. 将跨国并购作为技术追赶的杠杆：动态能力视角 [J]. 管理世界，2014，4：146-164.

[197] 张海亮，齐兰，卢曼. 套利动机是否加速了对外直接投资——基于对矿产资源型国有企业的分析 [J]. 中国工业经济，2015，2：135-147.

[198] 王晔. 跨国并购绩效及其影响因素的文献综述 [J]. 世界经济情况，2014，11：7.

[199] 滕梓源，胡勇. 跨国并购促进技术创新的绩效、影响因素及策略 [J]. 国际贸易，2019，2：11-17.

[200] 李元旭，刘飔. 制度距离与我国企业跨国并购交易成败研究 [J]. 财经问题研究，2016，3：94-103.

［201］刘璐，杨蕙馨，崔恺媛．文化距离、母公司能力与跨国并购绩效——基于中国上市公司跨国并购样本的实证研究［J］．山东大学学报（哲学社会科学版），2019，4：55-64.

［202］余鹏翼，王满四．国内上市公司跨国并购绩效影响因素的实证研究［J］．会计研究，2014，3：64-70，96.

［203］李井林，刘淑莲，韩雪．融资约束、支付方式与并购绩效［J］．山西财经大学学报，2014，36（8）：114-124.

［204］顾露露，雷悦，蔡良．中国企业海外并购绩效的制度环境解释——基于倾向配比评分的全现金支付方式分析［J］．国际贸易问题，2017，12：36-46.

［205］陈菲琼，陈珧，李飞．技术获取型海外并购中的资源相似性、互补性与创新表现：整合程度及目标方自主性的中介作用［J］．国际贸易问题，2015，7：137-147.

［206］张建红，卫新江，海柯·艾伯斯．决定中国企业海外收购成败的因素分析［J］．管理世界，2010，3：97-107.

［207］邵新建，巫和懋，肖立晟，杨骏，薛熠．中国企业跨国并购的战略目标与经营绩效：基于A股市场的评价［J］．世界经济，2012，35（5）：81-105.

［208］常青青．跨国并购对中国企业研发能力的影响研究——基于PSM和DID方法的实证检验［J］．技术经济与管理研究，2021，7：46-50.

［209］张敏，黄继承．政治关联、多元化与企业风险——来自我国证券市场的经验证据［J］．管理世界，2009，7：156-164.

［210］黄新建，王婷．政治关联、制度环境差异与企业贷款续新——基于中国上市公司的实证研究［J］．系统工程理论与实践，2012，6：1184-1192.

［211］袁建国，后青松，程晨．企业政治资源的诅咒效应——基于政治关联与企业技术创新的考察［J］．管理世界，2015，1：139-155.

［212］刘海云，聂飞．中国OFDI动机及其双向技术溢出：基于二元边际的实证研究［J］．世界经济研究，2015，6：102-110.

［213］白重恩，马琳．政府干预、最优税收与结构调整［J］．税务研究，

2015，6：46-50.

［214］刘瑞明．中国的国有企业效率：一个文献综述［J］．世界经济，2013，11：136-160.

［215］陈岩，郭文博．跨国并购提高了中国企业的竞争优势吗？——基于区域性与非区域性企业特定优势的检验［J］．外国经济与管理，2019，41（4）：139-152.

［216］吴先明，张雨．海外并购提升了产业技术创新绩效吗——制度距离的双重调节作用［J］．南开管理评论，2019，22（1）：4-16.

［217］林春培，张振刚．基于吸收能力的组织学习过程对渐进性创新与突破性创新的影响研究［J］．科研管理，2017，38（4）：38-45.

［218］胡雪峰，吴晓明．并购、吸收能力与企业创新绩效——基于我国医药上市公司数据的实证分析［J］．江苏社会科学，2015，2：25-32.

［219］谭洪涛，袁晓星，杨小娟．股权激励促进了企业创新吗？——来自中国上市公司的经验证据［J］．研究与发展管理，2016，28（2）：1-11.

［220］常青青．跨国并购对中国企业研发能力的影响研究——基于 PSM 和 DID 方法的实证检验［J］．技术经济与管理研究，2021，10.

［221］袁建国，后青松，程晨．企业政治资源的诅咒效应——基于政治关联与企业技术创新的考察［J］．管理世界，2015，1：139-155.

［222］易靖韬，蒙双．异质性企业出口、技术创新与生产率动态效应研究［J］．财贸经济，2016，12：85-99.